COLLOQUIUM DIDACTICUM

Bernd F. Schümann

Caesar und die Gallier

Begleitbuch zur Lektüre des Bellum Gallicum

Ernst Klett Verlag
Stuttgart Düsseldorf Leipzig

Colloquium Didacticum
Schriften zur Praxis des altsprachlichen Unterrichts

Band 3:

Bernd F. Schümann
Caesar und die Gallier
Begleitbuch zur Lektüre des Bellum Gallicum

Ferner liegen vor:

Band 1:

Georg Veit, Fabula agitur.
Gedanken und Hilfen zum lateinischen Schultheater
ISBN 3-12-613100-X

Band 2:

Manfred Fuhrmann
Redekunst am Beispiel Ciceros.
Voraussetzungen, Mittel, Ziele
ISBN 3-12-613200-6

Gedruckt auf Neoprint, hergestellt
von Stora Papyrus aus chlorfrei
gebleichtem Zellstoff, säurefrei.

1. Auflage   1   5   4   3   2   1 | 2002   01   00   99   98

Die letzte Zahl bezeichnet das Jahr dieses Druckes.
© Ernst Klett Verlag GmbH, Stuttgart 1998.
Alle Rechte vorbehalten.
Umschlag: Manfred Muraro, Stuttgart
Satz: Wilhelm Röck, Weinsberg
Druck: Wilhelm Röck, Weinsberg
ISBN 3-12-613300-2

Vorwort

Caesar! Manch einem, der ihn in der Schule gelesen hat, blieb nur eine vage Erinnerung an Römer, die kreuz und quer durch Gallien ziehen, um dort zu hauen und zu stechen. Und dafür soll man Hunderte von Vokabeln lernen, Formen analysieren und schwierige Strukturen entschlüsseln?

Dass sich diese Mühe lohnt, werden Schüler erst nachvollziehen können, wenn sie erkennen, dass das Übersetzen kein Selbstzweck ist, sondern interessante und wichtige, ja vielleicht sogar aktuelle Inhalte erschließen kann. Zu vermitteln, dass dies auch für die Caesar-Lektüre Gültigkeit hat, und den Unterrichtenden in knapper Form alles Nötige dazu bereitzustellen, was sich sonst oft sehr verstreut in der Literatur findet, ist das Ziel dieses Buches.

Thematisch im Vordergrund stehen daher neben zahlreichen Realien vor allem historische, politische und rechtliche Hintergründe und Voraussetzungen auf römischer wie gallischer/keltischer Seite – präsentiert im Bewusstsein, dass sich vieles von dem, was hier an Information gegeben wird, allein auf Caesar stützt und mit der gebotenen Distanz aufgenommen werden muss.

Eine herausragende Rolle spielt auch das Wie der Darstellung durch Caesar, dem zwei eigene Kapitel gewidmet sind. Auch boten sich im Verlauf des Buches zahlreiche Gelegenheiten, gerade dieses Thema immer wieder aufzugreifen und mit zu erörtern. Im Unterricht kann hier sogar ein Schwerpunkt der Arbeit am Text liegen, denn diesem Wie im konkreten Einzelfall nachzuspüren und Caesar „auf die Schliche zu kommen" ist eine intellektuell reizvolle Aufgabe, die den Caesar-Text nach meinen Unterrichtserfahrungen auch aus der Sicht der Schüler lesenswert macht. Es fordert Schüler und Schülerinnen zu kritischer Wahrnehmung heraus und sensibilisiert sie für den – gerade in der heutigen Mediengesellschaft relevanten – Zusammenhang von Handeln und Sprache.

Der Ausblick auf die Zeit nach Caesar schließlich, auf die kulturellen wie politischen Folgen dieser Eroberung und ihre noch gegenwärtige Bedeutung kann die Lektüre des „Gallischen Krieges" auch vor dem Hintergrund dieser Zusammenhänge legitimieren.

Dass sich das kleine Buch in diesem Sinne als ein nützliches Handwerkszeug für die Vorbereitung von Unterricht wie auch etwa von Schülerreferaten erweist, hoffen

Autor und Verlag.

Inhalt

A Völker und Regionen — 6
Vorbemerkung: Gallien und Gallier – ein Verwirrspiel — 6
1 Caesars Provinzen Gallia citerior, Narbonensis und Illyricum — 7
2 Gallia ulterior — 7
2.1 Aquitani — 7
2.2 Belgae — 7
2.3 Galli / Celtae — 8
  a) Arverni
  b) Haedui
  c) Helvetii
  d) Sequani
3 Germani — 9
4 Britanni — 9

B Caesar greift ein — 11
1 Zur Vorgeschichte — 11
1.1 Die polit. Situation in Gallien — 11
1.2 Die römische Außenpolitik gegenüber den Kelten bis 58 — 11
1.3 Caesar als Statthalter — 12
2 Caesar sieht sich gefordert — 12
3 Die politische Wende — 13
3.1 Bedrohung durch die Helvetier — 13
3.2 Der Landtag im Jahr 58 — 13
4 Caesars Auseinandersetzung mit Ariovist — 14

C Caesars Umgang mit den Galliern — 16
1 „Gallia pacata": Kriegsgründe aus der Sicht Caesars — 16
2 Notwendigkeit militärischer Präsenz — 17
3 Versuche politischer Kontrolle — 17
4 clementia Caesaris — 19
Exkurs: Das Sidus Iulium — 21

D Roms Rechtspositionen gegenüber auswärtigen Völkern — 22
1 foederati, socii, amici — 22
2 fides — 22
3 bellum iustum — 23
4 ius legatorum — 24
5 Kapitulation — 24
6 Unterwerfung — 25
7 Geiseln — 25
8 ius belli — 25

E Staat und Gesellschaft der Gallier — 27
1 Die Ständegesellschaft — 27
2 factiones und Klientel — 28
3 Keltische Städte — 29

F Gallien im Widerstand — 31
1 Die Geschichte des Widerstands — 31
2 Caesars Versuche einer friedlichen Kooperation — 33
3 Motive und Ziele des Widerstands – die Sinnkrise des Adels — 34

G Die Geschichte des Gallischen Krieges — 36
58 v. Chr. = 1. Buch — 36
57 v. Chr. = 2. Buch — 36
56 v. Chr. = 3. Buch — 36
55 v. Chr. = 4. Buch — 38
54 v. Chr. = 5. Buch — 40
53 v. Chr. = 6. Buch — 43
52 v. Chr. = 7. Buch — 45

H Gallien in der Zeit nach Caesar — 52

I Die Art der Darstellung — 56
1 Was sind „commentarii"? — 56
2 Auswahl der Fakten und Verknüpfung von Informa-

	tionen, die Frage der Glaubwürdigkeit	57
3	Zahlenangaben bei Caesar	59
4	Feindbilder	60
4.1	Galli mobiles	60
4.2	barbari	61
K	**Die Orientierung des Lesers**	**63**
1	Die logische Klarheit der Periodenstruktur	63
1.1	Die Reihung subord. Sätze	63
1.2	Gleichrangige Sätze werden getrennt	63
1.3	Ein Satz wird nur für eine sofort benötigte Information unterbrochen	64
1.4	Die Klammer	64
2	Die Gliederung des Textes nach Themen	66
2.1	Wie C. einen Bericht eröffnet	66
2.2	Wie C. einen Bericht entwickelt	66
2.3	Wie C. einen Bericht abschließt und zum nächsten überleitet	68
3	Das Prinzip der Chronologie	68
L	**Realien aus dem militärischen Bereich**	**71**
1	Das Heer, seine Abteilungen	71
	a) Das Heer	
	b) Die Offiziere	
	c) milites levis armaturae	
	d) Die Reiterei	
	e) fabri	
	f) Der Tross	
2	Sonstige Personen	73
	a) Germanische Söldner	
	b) evocati	
	c) amicitiae causa sequentes	
	d) servi	
3	Bewaffnung	73
4	Feldzeichen	74
5	Versorgung	74

6	Aushebung von Soldaten	75
7	Informationen zum Kriegsschauplatz	75
	a) die Wälder b) die Flüsse	
	c) die Sümpfe	
	d) Hügel, Berge, Gebirge	
	e) oppida	
8	Die Jahreszeiten in ihrer Bedeutung für das Militär	77
9	Maße, Gewichte, Zeitangaben	78
10	Informationen zur feindlichen Bevölkerung	78
11	Das Heer auf dem Marsch	78
12	Marschgeschwindigkeit	79
13	Das Lager	80
	a) Typen b) Der Aufbau	
	c) Die Verteidigung des Lagers	
	d) Der Ausbruch aus dem Lager	
14	Die acies	81
15	Das Reitergefecht	81
16	Angriff auf feste Plätze	82
	a) Die Erstürmung ex itinere	
	b) obsessio / obsidio	
	c) oppugnatio	
17	Schwere Waffen	83
18	Kriegslisten	84
19	Verfolgung der Feinde	84
20	Die Flotte	84
21	Römische Überlegenheit im Krieg	85
22	Kriegsbeute	87
23	praemia	87
24	Auszeichnungen	87
25	Dankfest (supplicatio)	88
26	Triumph (triumphus)	88
M	**Personen**	**89**
Literaturhinweise		**96**
–	zu den Kapiteln A–L	96
–	zu Bild- und Anschauungsmaterial	99
–	zu Lexika	99
Register		**100**
Karte von Gallien		**102**
	(Legende: 104)	

A Völker und Regionen

Vorbemerkung: Gallien und Gallier – ein Verwirrspiel

Caesar gliedert den Großraum Gallien, d.h. die *Gallia ulterior* (siehe A 2), in drei Teile und nennt als dessen Bewohner Aquitaner, Belger und Gallier/Kelten (b. G. 1,1). Diese Einteilung orientiert sich an der ethnischen Zugehörigkeit dieser Völker und ist – auch nach heutigem Wissensstand – im Ganzen korrekt.

Dass aber in den genannten drei Teilen eine große Zahl politisch souveräner Völkerschaften lebt, bleibt unerwähnt, und so entsteht beim Leser der Eindruck, als handelte es sich bei diesen Teilen um irgendwie geartete Einheiten, die man auch unter militärischen oder politischen Gesichtspunkten als Belger, Aquitaner oder Gallier ansprechen könnte; tatsächlich bezeichnet Caesar im weiteren Verlauf Völkerschaften nicht selten statt mit ihrem Namen verallgemeinernd als *Galli* oder *Belgae*.

In Wahrheit aber hat die Verwandtschaft der einzelnen Völker untereinander selbst unter dem Eindruck der Eroberungspolitik Caesars nur ein diffuses Gefühl der Zusammengehörigkeit aller Stämme in Gallien erzeugt, nie aber zu einer politischen Einheit geführt, und selbst die gegen Caesar gerichteten Militärbündnisse sind dank der Konkurrenz einzelner Stämme und sogar von Familien desselben Stammes oft brüchig (siehe E 2: factiones und Klientel).

Insofern beruht die globale Bezeichnung der Völker als *Belgae, Aquitani, Galli* auf einer bloßen Fiktion, die Caesar aber aus politischen Gründen bewusst nährt.[1] Auch ist mit dem eigentlich geografisch zu verstehenden „Gallien" nicht selten ein offensichtlich politisch gemeinter Großraum bezeichnet – etwa, wenn Caesar (b. G. 1,2,1) von Orgetorix sagt, dass er die Herrschaft über ganz Gallien anstrebe –, und so scheint Caesars Einteilung in drei Teile das Ziel zu haben, den Leser Gallien bei allen Unterschieden doch als Einheit begreifen zu lassen.

Die Uneindeutigkeit der Bezeichnungen *Galli* und *Gallia* ist deshalb keineswegs ein Zeichen mangelnder Begriffsschärfe, sondern durchaus beabsichtigt. (Zu den politischen Implikationen und Konsequenzen dieses Sprachgebrauchs siehe C 1: „Gallia pacata".)

---

[1] Vgl. dazu M. Chapman: The Celts. The Construction of a Myth, London 1992. Ähnlich wie bei Galliern und Belgern spricht Caesar auch oft global von „den Germanen", ohne die jeweiligen Stämme genauer zu bezeichnen.

1 Caesars Provinzen: Gallia citerior, Narbonensis und Illyricum

Gallia citerior, auch *Gallia Cisalpina* genannt, meint das diesseits der Alpen gelegene Gallien, das, im 4. und 3. Jahrhundert von den keltischen Bojern beherrscht, seit 191 v. Chr. römisches Territorium ist und das Gebiet des heutigen Oberitaliens umfasst.

Gallia Narbonensis umfasst das Gebiet der Provence bis zur Rhône, in den Jahren 125–118 zur römischen Provinz geworden, auch *provincia (nostra)* genannt. Ihre Hauptstadt ist der im Jahre 118/117 als römische Kolonie angelegte Ort Narbo mit wichtigem Hafen und zahlreichen Werkstätten. Kulturell stand dieses Gebiet ganz unter dem Einfluss des weithin ausstrahlenden Massilias, heute Marseille, das um 600 v. Chr. von Griechen gegründet worden war. Die Konkurrenz zu Massilia veranlasst Caesar später, hier eine weitere Kolonie anzulegen.

Illyricum: Der römische Einflussbereich in Illyrien umfasst die Ostküste der Adria und reicht von Istrien bis zum heutigen Albanien.

(Siehe auch B 1.3: Caesar als Statthalter)

2 Gallia ulterior

Gallia ulterior, auch *Gallia Transalpina* genannt, umfasst das Territorium des heutigen Frankreichs (mit Ausnahme der Provence) und der Beneluxstaaten sowie das linksrheinische Gebiet des heutigen Deutschlands. Caesar gliedert es in drei Teile: Aquitanien, Belgien und das Kernland Gallien.

2.1 Aquitani

Aquitanien umfasst nach Plinius, Naturalis Historia 4,108ff rund 30, teilweise sehr kleine Stämme. Im „Bellum Gallicum" sind namentlich 12 Stämme erwähnt. Ihr Siedlungsraum liegt im Südwesten Galliens zwischen den Pyrenäen, dem Atlantischen Ozean und der Garonne. In den Jahren 80 und 78 können sich die Aquitaner erfolgreich gegen die Römer zur Wehr setzen. 71 werden sie von Pompeius besiegt, bleiben aber unberechenbar.

2.2 Belgae

Nach Auskunft der Remer stammen die meisten Belger von den Germanen ab, die in grauer Vorzeit den Rhein überschritten und die dort ansässigen Kelten vertrieben hätten (b. G. 2,4,2). Ihr erfolgreicher

Widerstand gegen die eindringenden Kimbern und Teutonen sichert ihnen den Ruf großer militärischer Tapferkeit. Caesar schildert sie als urwüchsiges Volk, das die Genüsse gehobener Lebensart nicht kennt. Mehrfach betont er ihre herausragende militärische Bedeutung. Um sie in Schach zu halten, stationiert er deshalb am Ende des Gallischen Krieges dort vier Legionen.

2.3 Galli / Celtae

a) Arverni: Die Arverner sind ein großer und mächtiger Stamm mit Sitz in der heutigen Auvergne. Ihr Hauptort ist Gergovia. Schon früh versuchen sie, sich in Gallien eine Vormachtstellung zu erobern und sich römischer Herrschaft zu widersetzen. 121 v. Chr. wird ihr König Bituit von den Römern besiegt, das Gebiet aber nicht dem Reich angegliedert. Danach gelangt Celtill an die Macht, der im Bündnis mit den Sequanern gegen die Haeduer um die Vorherrschaft in Gallien kämpft, später aber ermordet wird, als er die Königsherrschaft anstrebt. Sein Sohn Vercingetorix führt den gallischen Aufstand im Jahre 52 an.

b) Haedui: Die Haeduer, einer der Hauptstämme in Gallien, siedeln zwischen Loire und Saône, ihr Hauptort ist Bibracte, eine Stadt, die Caesar (b. G. 1,23,1) als groß und reich beschreibt. Schon früh schlossen sie sich den Römern an, deren Senat sie (b. G. 1,33,2) mehrfach Brüder und Blutsverwandte des römischen Volkes nannte.

c) Helvetii: Ursprünglich wohl in Südwestdeutschland beheimatet, nehmen einige Stämme der Helvetier am Feldzug der Kimbern und Teutonen gegen Rom teil. 107 schlagen die zu den Helvetiern gehörenden Tigurini das Heer des Lucius Cassius, woran Caesar (b. G. 1,7,4 und 1,12,5) erinnert, um gegenüber seinen römischen Lesern die Gefahr zu betonen, die von den Helvetiern ausgehe. Der Katastrophe – 102 besiegt Marius die Teutonen bei Aquae Sextiae, 101 die Kimbern bei Vercellae – entgingen sie, da sie sich vom Hauptheer getrennt hatten und wohl noch in den Alpen standen. In der Folge vermutlich dieser Ereignisse räumen sie ganz Südwestdeutschland und wandern in das Gebiet zwischen Bodensee, Genfer See, Alpen und Jura, geraten aber bald darauf unter germanischen Druck.

d) Sequani: Neben den Haeduern, Arvernern und Helvetiern sind die Sequaner ein weiterer bedeutender Stamm. Ihr Siedlungsgebiet mit dem Hauptort Vesontio (heute Besançon) liegt zwischen Jura, Rhône und Saône. Ihr Verhältnis zu den Römern ist gekennzeichnet durch ein Freundschaftsbündnis (siehe D 1) mit dem vormaligen Fürsten Catamantaloedis.

3 Germani

Caesar lernt die Bezeichnung *Germani* erst durch die Gallier kennen, die so ihre östlichen Nachbarn nennen, während die Römer auch die Völker rechts des Rheins zu der Zeit noch für Kelten hielten. Ursprünglich der Name eines einzelnen Stamms, wird die Bezeichnung irrtümlich auf alle Stämme übertragen, die jenseits des Rheins leben (Tacitus, Germania 2). Die Germanen selbst haben diesen alle Stämme umfassenden Namen nicht auf sich angewandt. Caesar unterscheidet später (b. G. 2,3,5; 4,16,5) zwischen *Germani Cisrhenani* und *Germani Transrhenani*.[2]

Die ethnische Verwandtschaft der Belger mit den Germanen wird ihm 57 durch die Remer bekannt. Einzelne Stämme wie Kimbern und Teutonen sind den Römern noch aus den Jahren 113 (Schlacht bei Noreia) und 105 (Schlacht bei Arausio) in schlechter Erinnerung (vgl. auch b. G. 1,33,4).

Die zur Zeit des Gallischen Krieges wichtigsten Stämme sind Usipeten, Tenkterer, Sugambrer, Ubier, Sueben und Haruden. Als bedeutendste von ihnen hebt Caesar (b. G. 4,1,3) die **Sueben** hervor, die sich mehrere germanische Stämme untertan gemacht haben und denen er (b. G. 4,1-3) darum einen größeren Exkurs widmet. Ein Kulturvergleich der Germanen mit den Galliern findet sich b. G. 6,11-24.

4 Britanni

Die Zahl der Namen britannischer Stämme, Orte oder Personen, die wir durch Caesar kennen lernen, ist gering.[3] Bei der Beschreibung der ersten Britannienfahrt im Jahre 55 wird kein einziger angegeben, die Gegner werden namenlos als *hostes* oder *barbari* (siehe I 4.2: barbari), ihre Stämme als *civitates insulae* bezeichnet. Erst im Jahr darauf

---

(2) Vgl. auch oben Anm. 1. – Die Existenz linksrheinischer Germanen *(Germani Cisrhenani)* wurde erst mit Caesar dem Altertum bekannt.
(3) Gleichwohl ist die Liste der bei Caesar genannten britannischen Völkerschaften vergleichsweise umfangreich. Plinius, Naturalis Historia, verzichtet, anders als etwa bei Gallien, im Fall Britanniens auf eine Aufzählung der Stämme und auch bei Tacitus ist nur der eine oder andere Stamm wie etwa Briganten, die Bewohner Kaledoniens, oder Ordoviker genannt.

erfährt offensichtlich auch Caesar mehr über sie. So nennt er u. a. die Bewohner der Landschaft des heutigen Kents sowie die Themse und die Insel Mona (heute Isle of Man). Seine Angaben (b. G. 5,13) über Form und Größe der Insel sind dagegen erstaunlich präzise.[4]

[4] Plinius, Naturalis Historia 4,102–103 gibt bei seiner Beschreibung Britanniens rund 100 Jahre nach Caesar ganz falsche Zahlen an.

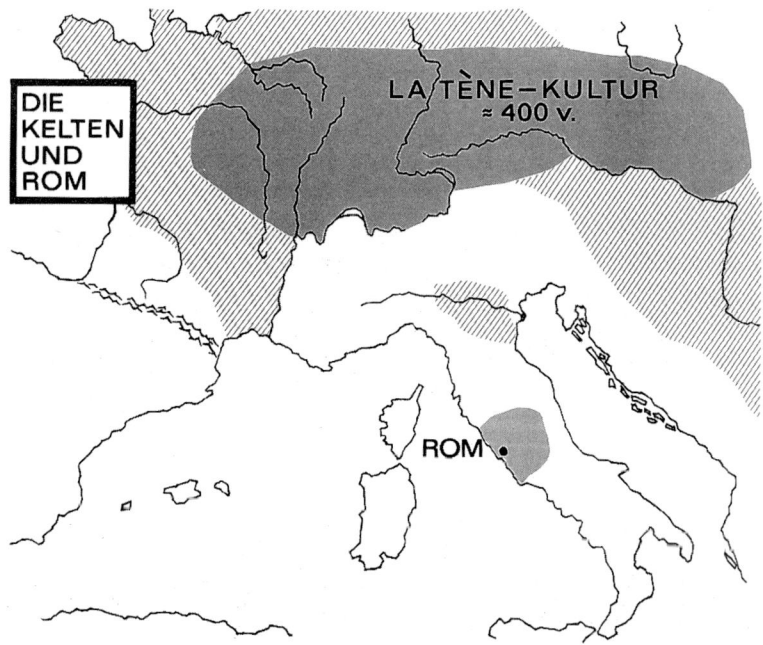

Abb. 1: Das Gebiet der Kelten in ihrer Blütezeit um 400 v. Chr. und seine Ausdehnung in der Folgezeit (aus: W. Müller, Realienkunde zu Caesar – s. Lit. 2 –, Folie 9a)
Abb. auf dem Einband: Silberdenar (44 v. Chr.: Umschrift: CAESAR DICT – QUART), V: Porträt Caesars mit corona aurea, dahinter der lituus / Silberdenar (ca. 48 v. Chr.), V: Kopf eines Galliers mit fliegendem Haar und Bart und einer torques um den Hals, hinter ihm ein gallischer Schild. (London, Brit. Mus. – Fotos: Hirmer)

B Caesar greift ein

1 Zur Vorgeschichte

1.1 Die politische Situation in Gallien

Um 100 sind es die Haeduer, die sich – auch dank der Unterstützung durch Römer, deren *socii* (siehe D 1: foederati, socii, amici) sie seit langer Zeit sind – zum führenden Stamm haben aufschwingen können. Doch ihre Stellung ist bedroht, denn zunehmend werden sie von den Arvernern und den mit ihnen verbündeten Sequanern bedrängt. Als die Sequaner in diesem Kampf um die Vorherrschaft in Gallien im Jahre 72 den Germanen Ariovist gegen die Haeduer zu Hilfe rufen, überschreiten 15.000 Germanen den Rhein.

Im Jahre 61 gehen die Haeduer, inzwischen von den Sequanern besiegt, Rom deshalb um Hilfe gegen sie an, aber ohne Ergebnis, obwohl sie (b. G. 1,33) vom Senat oft Brüder und Blutsverwandte genannt worden sind. Der Senat beschließt zwar, dass jeder Statthalter Galliens, wenn es zum Vorteil Roms geschehe, die Haeduer und die übrigen Freunde Roms verteidigen solle, kann sich aber auch jetzt nicht entschließen, militärisch gegen die Sequaner vorzugehen. Die siegreichen Sequaner aber geraten nun ihrerseits unter den Druck Ariovists, der immer mehr Germanen ins Land holt und sich anschickt, ein Germanenreich auf gallischem Boden zu errichten. In Gallien bilden sich daraufhin zahlreiche Abwehrbündnisse gegen Ariovist. Rom stellt sich in dieser Situation auf die Seite des Germanenkönigs und schließt 59 v. Chr. auf Betreiben Caesars einen Freundschaftsvertrag (siehe D 1: amicitia) mit Ariovist.

1.2 Die römische Außenpolitik gegenüber den Kelten bis 58 v. Chr.

Bis zum Jahr 58 hatte sich Rom wenig in innergallische Angelegenheiten eingemischt. Nachdem die Römer die keltischen Bojer im 2. Jahrhundert aus Norditalien vertrieben und dieses Gebiet 191 v. Chr. unter der Bezeichnung *Gallia Cisalpina* zur römischen Provinz gemacht hatten, eigneten sie sich später (125–118) auch das Gebiet der heutigen Provence bis zur Rhône an.

Damit scheinen die Sicherheitsinteressen Roms in diesem Bereich vorerst hinreichend gewahrt: In Oberitalien schützen die Alpen vor überraschenden Einfällen, während die *Gallia Narbonensis* einen Zugang zu Spanien sichert. Darüber hinaus unterhält man im Kernland Galliens seit langem ein Freundschaftsbündnis mit den mächtigen Haeduern.

Im Jahr 61 jedoch geraten die erst vor wenigen Jahren aus dem Rhein-Main-Gebiet in die Schweiz übergesiedelten Helvetier in Bewegung. Im Jahre 60 herrscht deshalb in Rom *Gallicus metus*. Doch wenige Monate darauf scheint sich alles wieder beruhigt zu haben. Auch wurden zur selben Zeit die Allobroger von Pomptinus unterworfen, weshalb der Senat ein Dankfest anordnete. Nach Caesars Einschätzung allerdings ist die Gefahr damit keineswegs gebannt. Als die Helvetier im März 58 auf der Suche nach neuen Wohnsitzen losziehen, bricht er sofort von Rom auf.

1.3 Caesar als Statthalter der beiden Gallien und Illyricums

59 v. Chr. bringt der Volkstribun und Gefolgsmann Caesars P. Vatinius auf der Volksversammlung die *lex de imperio Caesaris* ein. Dadurch erhält Caesar *Gallia Cisalpina* und *Illyricum* mit drei Legionen für fünf Jahre zur Provinz. Der Senat fügt aus unbekannten Gründen *Gallia Narbonensis* für den gleichen Zeitraum mit einer Legion hinzu. Im Jahre 55 v. Chr. wird dieses Imperium noch einmal verlängert.

Während seiner Amtszeit genießt Caesar Immunität und kann nicht vor Gericht belangt werden. Seine Aufgabe als Statthalter ist es, die Interessen Roms in diesen Gebieten zu wahren. Ob eine Erweiterung des römischen Staatsgebiets auch zu den Aufgaben eines Statthalters zählt, war in der Antike umstritten.

2 Caesar sieht sich gefordert

Nach eigener Darstellung sieht sich Caesar als Statthalter in der Provincia Narbonensis zwei Gefahren gegenüber: den Galliern, denen er schon vor dieser Zeit misstraut, und den Germanen, mit denen er nun konfrontiert wird. Caesar sieht vitale Interessen Roms tangiert. Bei der Rechtfertigung seines militärischen Vorgehens in den *commentarii* betont er deshalb die überragende historische und politische Bedeutung der Gefahren, die von Galliern und Germanen ausgehe.

3 Die politische Wende

3.1 Bedrohung durch die Helvetier

58 bestätigt sich Caesars Misstrauen. Er muss feststellen, dass die erst vor wenigen Jahren aus dem Rhein-Main-Gebiet übergesiedelten Helvetier sich wieder in Bewegung setzen, um im Westen Galliens neuen Siedlungsraum zu finden. Als deutlich wird, dass sie ihren Weg durch die *provincia Narbonensis* nehmen wollen, greift er ein und verhindert eine Überquerung der Rhône. Die Helvetier wenden sich daraufhin nach Norden.

Alles Weitere wäre nun eine Angelegenheit der Gallier, doch Caesar mobilisiert das Argument vom gefährlichen Nachbarn. Das neue Siedlungsgebiet der Helvetier, so argumentiert er (b.G. 1,10), liege nicht weit entfernt von der Stadt Tolosa und damit in leicht erreichbarer Nähe der *provincia Narbonensis*. Eine solche Nachbarschaft bedeute für Rom eine Bedrohung, zumal die Fruchtbarkeit dieser Gegend sie geradezu herausfordern müsse, über kurz oder lang weiter nach Süden und damit in die *provincia Narbonensis* vorzustoßen.

Caesar verfolgt die Helvetier deshalb mit inzwischen verstärkten Truppen und schlägt sie schließlich bei Bibracte. Aus Furcht, die Germanen könnten in den frei gewordenen Siedlungsraum eindringen, ordnet er eine Repatriierung der Helvetier an.

3.2 Der Landtag im Jahr 58

Nach der erfolgreichen Abwehr der Helvetier, die nach Darstellung „der gallischen Fürsten" (b.G. 1,30) die Vorherrschaft in Gallien erobern wollten und die übrigen Stämme in ihrem Besitzstand bedrohten, glauben diese in Caesar den Mann gefunden zu haben, der sie auch vom Joch der Germanen befreien kann.

Auf dem Landtag 58 schildern sie Caesar ihre bedrängte Lage und entwickeln (b.G. 1,31,14) das Scenario, dass bald alle Germanen nach Gallien kommen und die Gallier aus ihren Siedlungsgebieten verdrängen würden. Rom allein könne Abhilfe schaffen und eine solche Entwicklung verhindern.

Zwar gerät Caesar durch dieses Ansinnen kurzfristig in einen politischen Konflikt – einerseits kann er die politische Verantwortung für eine Auswanderung der Gallier unmöglich übernehmen, andererseits ist er durch das Freundschaftsbündnis Ariovist verpflichtet –, doch inzwischen haben sich seine Interessen geändert: War Ariovist früher ein willkommener Bündnispartner gegen die Gallier, so wird er nun, wo

Caesar seinen Machtbereich nach Norden hin erweitern will, zum Konkurrenten, der weichen muss. Caesar verspricht den versammelten Fürsten deshalb, in dieser Angelegenheit tätig zu werden.

4 Caesars Auseinandersetzung mit Ariovist

Anfangs versucht Caesar, auf diplomatischem Weg Einfluss auf Ariovist zu nehmen. Da Ariovist es ablehnt, zu Caesar zu kommen, fordert er ihn brieflich auf, keine weiteren Germanen ins Land zu holen. Auch sollten er und die Sequaner den Haeduern ihre Geiseln zurückgeben und es künftig unterlassen, sie oder deren Bundesgenossen zu bedrängen. Unter diesen Voraussetzungen stehe einem Fortbestand seiner Freundschaft mit Ariovist nichts im Wege. Andernfalls aber werde er Maßnahmen ergreifen, den Schutz der Haeduer durchzusetzen; er erinnert in diesem Zusammenhang an den Senatsbeschluss des Jahres 61, der jeden Statthalter der Provinz legitimiere, die Haeduer und andere Bundesgenossen Roms zu schützen, wenn dies im Interesse Roms liege.

Ariovist empfindet Caesars Forderungen als Einmischung in seine Angelegenheiten und lehnt empört ab. Im Bewusstsein seiner militärischen Stärke droht er offen mit Krieg und setzt seine Truppen nach Besançon, einer Stadt der Sequaner, in Marsch. Die Situation spitzt sich zu, als Caesar erfährt, dass 100 *pagi* (Stämme?) der Sueben eine Rheinüberquerung vorbereiten. Um eine Vereinigung der Truppenverbände zu verhindern, rückt Caesar gegen Ariovist vor und besetzt Besançon.

Nun erklärt sich Ariovist zu einer persönlichen Begegnung bereit, insistiert aber weiter auf seine Rechte. Noch während die Verhandlungen laufen, kommt es zu einem militärischen Vorfall, den Caesar als Arglist deutet. Er bricht die Verhandlung ab und verweigert nun jedes weitere persönliche Gespräch. Stattdessen entsendet er eine Abordnung. Ariovist aber lässt die römischen Gesandten festnehmen und rüstet zum Angriff auf Besançon. Wenige Tage darauf greift Caesar das Lager der Germanen an und besiegt Ariovist. Dessen Truppen werden vernichtet, er selbst flieht über den Rhein und stirbt vermutlich wenige Jahre danach.

Angesichts der verheerenden Niederlage Ariovists ziehen sich auch die Sueben vom Rhein zurück.

Damit ist der Versuch Ariovists, auf keltischem Boden ein Germanenreich zu errichten, gescheitert. Der Rhein wird nun zur dauerhaften Grenze zwischen Germanen und dem römischen Interessengebiet und damit auch zur Scheidelinie zwischen den Kulturen.

Nach diesen Kriegserfolgen zieht Caesar seine Truppen jedoch nicht in die Provincia Narbonensis zurück, sondern stationiert sie bei den Sequanern. Diese Maßnahme markiert einen entscheidenden Wendepunkt im Verhältnis der Gallier zu Caesar, die nun begreifen müssen, dass sie die Herrschaft Ariovists gegen die römische eingetauscht haben. Der Widerstand beginnt.
(Siehe auch G, Ereignisse des Jahres 57.)

Abb. 2: Römer und Gallier im Kampf. Relieffragment (Paris, Louvre – Foto: Archiv A. Steinmeyer, Filderstadt)

C Caesars Umgang mit den Galliern

1 „Gallia pacata": Kriegsgründe aus der Sicht Caesars

Caesar kommt in den Augen der Gallier im Jahre 58 weder als Feind noch als Eroberer, sondern als Bündnispartner ins Land (siehe B 3.2: Der Landtag des Jahres 58). Er selbst jedoch münzt das Hilfegesuch der Fürsten um in eine Anerkennung Roms als Schutzmacht der Gallier, denen er nun Loyalität abverlangt. Konsequent wertet er ihre späteren Versuche, sich von römischer Vorherrschaft zu befreien, als Verschwörung *(coniuratio)*.

Aus Caesars Sicht sind seine militärischen Aktionen daher keine Kriege gegen einen äußeren Feind, sondern Vergeltungsmaßnahmen gegen unbotmäßige Fürsten und aufständische Völker, gegen die vorzugehen er berechtigt sei; denn das Kernland Galliens ist – wie Caesar es b. G. 2,1 den Belgern in den Mund legt – Ende 58 in seinen Augen bereits „befriedet".

Aus dieser Haltung heraus verlangt er Gehorsam *(officium)*, lässt „Gnade walten" und „verschont" *(conservat)* „abtrünnige" Stämme, indem er kein Strafgericht über sie verhängt, oder „nimmt sie in seinen Schutz" *(in fidem ac-/recipit)*, womit er sie römischer Vorherrschaft unterstellt.

Gefolgschaft aber verlangt er nicht nur von den Stämmen, die ihn im Jahre 58 um Hilfe angegangen waren, sondern von allen Völkerschaften, die er (b. G. 1,1) als Gallier bezeichnet hat, und nimmt sie so alle in die Pflicht. Selbst die Belger, die er (b. G. 1,1) nicht zu den Galliern zählt, vereinnahmt er in dieser Weise, indem er (b. G. 2,1) geschickt daran erinnert, dass Belgien der dritte Teil Galliens ist. Ihre Kriegsvorbereitungen Ende 58 nennt er deshalb (b. G. 2,1) rundweg eine Verschwörung gegen Rom.

Ganz im Sinne dieser Logik gilt ihm auch der Sieg über eine Reihe belgischer Stämme deshalb als Sieg über *ganz* Belgien und so stellt er am Ende des Jahres 57 (b. G. 2,35) fest, dass nach der Niederwerfung der Belger ganz Gallien befriedet sei, und meint nun Gallien als politischen Großraum. Jeden weiteren Widerstand dort wird Caesar von nun an als Abtrünnigkeit von Rom werten, gegen die einzuschreiten er zu seiner Pflicht erklärt.

2   Notwendigkeit militärischer Präsenz

Nach der Vertreibung der Germanen zieht Caesar 58 seine Truppen nicht ab, sondern stationiert sie in Gallien.

Nachdem die frühere Politik Roms dazu geführt hatte, dass sich die Germanen dort hatten festsetzen können, sieht Caesar sich nun nicht nur von den Galliern, sondern auch von Germanen bedroht.

Beide Gefahren sind inzwischen, wie Caesar es (b. G. 1,31,1) darstellt, miteinander verflochten, denn die eindringenden Germanen drohen die Gallier aus ihrem Siedlungsgebiet zu verdrängen. Die Germanen ihrerseits könnten, so Caesar (b. G. 1,33,3f), nach der Eroberung Galliens sich – wie seinerzeit Kimbern und Teutonen – in Marsch setzen und Italien bedrohen, und so stehe viel auf dem Spiel.

Sein Entschluss, beide Gefahren durch eine Vorherrschaft Roms in Gallien zu bannen, entspricht seiner Darstellung nach deshalb durchaus vitalen Interessen Roms. Unter diesen Voraussetzungen ist eine militärische Präsenz römischer Truppen in Gallien zwingend erforderlich. Auch die globale Betrachtung dieses Raums (siehe A Vorbemerkung und C 1: „Gallia pacata") wird unter diesem Aspekt verständlich, ja notwendig.

3   Versuche politischer Kontrolle

Die militärische Präsenz der Römer in Gallien ist schon sehr früh begleitet von dem Versuch Caesars, das Land auch politisch zu kontrollieren.

Diesem Ziel dienen zum einen die regelmäßigen **Landtage**, zu denen er die Fürsten beruft, um sich ihrer Gefolgschaft zu versichern und sie auf seine Politik einzuschwören.

Ferner greift Caesar die den Kelten vertraute **Klientelstaatlichkeit** auf (siehe E 2: factiones und Klientel) und sucht sie für seine politischen Zwecke zu nutzen. Schon im Jahre 58 stellt er alte Klientelverhältnisse wieder her und stiftet neue (b. G. 6,12,2). Vor allem ist ihm daran gelegen, die traditionelle Rolle der Haeduer als führende Kraft in Gallien zu festigen, eine Politik, die bis zum Abfall der Haeduer 52 Erfolg haben sollte. Lange Zeit – vielleicht bis 52 – hatte er wohl gehofft, die Lage in Gallien so stabilisieren und durch Anbindung der wichtigsten Völkerschaften an Rom ganz Gallien als eine Art Klientelstaat unter römischer Führung organisieren zu können, eine Hoffnung, die sich mit dem Aufstand im Jahre 52 zerschlägt.

Doch Caesar nimmt auch unmittelbaren Einfluss auf die Politik einzelner Stämme, indem er Könige wie etwa Tasgetius bei den Carnuten oder Cavarinus bei den Senonen einsetzt. Auch bei den Haeduern sorgt er schon im Frühjahr 58 dafür, dass der romfreundliche Diviciacus gestärkt und dessen Bruder Dumnorix politisch kaltgestellt wird (b. G. 1,19f). Der Mord an Tasgetius und das Attentat auf Cavarinus zeigen jedoch sehr deutlich, dass die Einsetzung romtreuer **Vasallen** von den Adligen des Landes als Fremdherrschaft empfunden wird und keinen Bestand hat.

Wie wenig die politische Kontrolle letztlich gelungen ist, macht auf drastische Weise die Geiselnahme der gallischen Fürsten im Jahre 54 deutlich. Aus Besorgnis, in seiner Abwesenheit könnte es zu einer allgemeinen Erhebung kommen, entschließt sich Caesar, die meisten Fürsten auf seine Fahrt nach Britannien mitzunehmen, denn, so führt er (b. G. 5,5,4) aus, nur auf sehr wenige könne er sich wirklich verlassen. Er gesteht damit das Scheitern seiner bisherigen Politik ein.

Die **Gründe für die politische Instabilität** sind vielfältig. Da ist zunächst der Freiheitswille zu nennen, wobei man hinzufügen muss, dass das gemeine Volk, glaubt man Caesars Ausführung (b. G. 6,13,1f), auch unter gallischer Herrschaft in einem Zustand der Unfreiheit lebte, der Freiheitswille der Gallier also im Wesentlichen der Wille ihrer Führer war, selbst zu herrschen (vgl. dazu vor allem b. G. 2,1,4; siehe auch F: Gallien im Widerstand).

Die politische Instabilität ist aber auch systembedingt, denn „in fast jeder Bürgerschaft, ja in beinahe jeder Familie gibt es zwei *factiones*, die miteinander um die Macht rivalisieren" (b. G. 6,11,2f). Beispiele solcher Konkurrenz sind etwa Dumnorix und sein Bruder Diviciacus oder auch Indutiomarus und Cingetorix. (Siehe auch E 2: factiones und Klientel.)

Caesar nennt noch einen weiteren, sehr allgemeinen Grund für die politische Instabilität. Alle Menschen, so führt er b. G. 3,10,3 aus, streben nach Freiheit und hassen die Sklaverei; er bedient sich damit eines Vokabulars, das sonst den Galliern eigen ist (siehe dazu b. G. 2,14,3 oder 3,8,4). Caesars Verständnis ändert aber nichts an seinem politischen Willen, Roms Macht nach Norden hin zu erweitern. Vielmehr wendet sich diese Einsicht letztlich sogar gegen die Gallier, denn nun gibt es zur dauerhaften Befriedung des Landes in Caesars Augen nur einen Weg: ihre endgültige militärische Unterwerfung, die bei Alesia 52 schließlich Wirklichkeit wird.

Nach diesem Sieg allerdings lässt er, zumindest gegenüber den Kriegsgefangenen, die dem Stamm der Haeduer und der Arverner angehören, seine schon früher geübte *clementia* walten. Sie soll ihm, wie er (b. G. 7,89,5) ausführt, diese wichtigen Stämme in der Zukunft geneigt machen – womit er zu erkennen gibt, dass die militärische Unterwerfung allein keinen dauerhaften Frieden in diesem Gebiet erzielen kann. Caesars Politik, so führt Hirtius (b. G. 8,49,1) treffend aus, ist nun darauf gerichtet, *nulli spem aut causam dare armorum*: sowohl jede Hoffnung auszulöschen, sich römischer Fremdherrschaft entledigen zu können, als auch niemandem Anlass zu kriegerischer Auseinandersetzung mit den Römern zu geben.

Das Konzept dieser *pax* ging auf. Gallien bleibt für die nächsten Jahrhunderte römisch und entwickelt sich bald schon zu einer der blühendsten Provinzen im Reich. (Siehe auch H: Gallien in der Zeit nach Caesar.)

4 clementia Caesaris

Mit *clementia*, meist in Verbindung mit anderen Begriffen wie *mansuetudo*, *lenitas* oder *humanitas*, bezeichnet Caesar seinen milden Umgang mit Menschen und Völkern, die sich in seinen Augen vergangen haben, dennoch aber von ihm nicht oder nur sehr milde bestraft wurden. *Clementia* meint damit nichts anderes als Gnade. Sie setzt maßvolles Verhalten *(modestia)* und geduldige Nachsicht *(patientia)* voraus, mit denen sie (bellum Africanum 54) auch gleichgesetzt wird, und zielt auf *fides* oder sogar *amicitia* (b. G. 8,3).

Die *clementia* gilt schon den Zeitgenossen Caesars nicht als eine Fähigkeit wie andere menschliche Fähigkeiten auch, sondern als etwas, das Caesar persönlich auszeichnet. In der Überlieferung heißt sie daher entweder *clementia Caesaris* oder wird mit Possessivpronomina (*sua clementia*, bzw. *tua clementia* in der direkten Anrede) als seine qualifiziert.

Diese ungewöhnliche Zuordnung einer Wesensart zu einer einzelnen Person macht das gänzlich Neue deutlich, das sie in der antiken Welt darstellt. Der Umgang der Römer mit fremden Völkerschaften, zumal solchen, die sich gegen Rom „vergangen" haben, ist traditionell nämlich von römischer Strenge *(severitas)* gekennzeichnet, der die Grausamkeit *(crudelitas)* nicht fern steht. Auch war im Verlauf der Bürgerkriege die *severitas* der Vorfahren inzwischen zur *saevitia* verkommen, die sich in den Proskriptionen austobte und überall Angst und Schrecken verbreitete.

Die historischen Erfahrungen mit starken Alleinherrschern hatten das Bild vom skrupellosen und rachsüchtigen Potentaten so nachhaltig geprägt, dass eine Alternative gar nicht denkbar schien. Es verwundert deshalb nicht, wenn Caesars innenpolitische Gegner in der *clementia* nur politisches Kalkül sahen und überzeugt waren, dass er diese Maske rasch würde fallen lassen, wenn er erst die ganze Macht in Händen hätte.

Tatsächlich ist Caesars *clementia* weniger Ausdruck einer auf Emotion gegründeten Güte, sondern deutlich von einer *ratio* bestimmt, die politische Ziele verfolgt. Caesar selbst weist sie mehrfach als solche aus, etwa wenn er (b. G. 2,15,1) das Ansehen des Fürsten Diviciacus und der Haeduer als Grund angibt, weshalb er die abtrünnigen Bellovaker schonen will, und damit der Argumentation Diviciacus' folgt (b. G. 2,14,6), der darauf verweist, wie sehr Caesar durch einen solchen Gnadenakt das Ansehen der ja mit Rom verbündeten Haeduer bei den Belgern stärken würde, oder wenn er (b. G. 7,89,5) dem Leser mitteilt, dass er die Kriegsgefangenen vom Stamm der Haeduer und Arverner verschont, in der Hoffnung, durch sie diese Bürgerschaften wieder für sich gewinnen zu können.

Die rationale Seite tut der Größe und Bedeutung der *clementia* jedoch keinen Abbruch. Unabhängig von ihrer jeweiligen politischen Motivation ist die *clementia* ein neues Instrument der Herrschaft, das den Verkehr Roms mit anderen Völkern humanisiert. Auch muss betont werden, dass die politischen Ziele, die sie verfolgt, nicht vordergründig und etwa nur auf die angestrebte Alleinherrschaft Caesars angelegt und auf sie befristet sind. Die *clementia* entwickelt sich vielmehr zu einem neuen Prinzip von Herrschaft, das das traditionelle Gesetz von Rache und Vergeltung überwinden will und auf eine friedliche Kooperation mit den Besiegten zielt. Erst wenn eine solche Kooperation unmöglich scheint, kehrt Caesar *more maiorum*, wie er anlässlich der Bestrafung Accos (b. G. 6,44,2) ausführt, zur traditionellen Härte zurück.

Die Befürchtungen der Caesar-Gegner, dem Sieg im Bürgerkrieg werde ein großes Blutbad folgen, bewahrheiten sich deshalb nicht. Begeistert preist Cicero, einer seiner entschiedensten politischen Gegner, nun die *clementia Caesaris* als *nova ratio vincendi*, als *inusitata* und *inaudita*, ihn selbst als *clementissimus dux*.[5] Seine Reden und sein Einfluss im Senat mögen auch den Boden für die spätere Weihung des Tempels bereitet haben, in dem die *clementia Caesaris* als göttlich verehrt wurde.[6] Die *clementia* ist fortan, von Caesar zur Herrschertugend erhoben, eine Forderung an jeden Kaiser der römischen Geschichte und auch über die Zeit Roms hinaus ein Postulat geblieben.

Exkurs: Das Sidus Iulium

Am 23. September 44 v. Chr. erscheint über Rom ein heller Komet, der sieben Tage lang überall im Reich zu sehen ist.[7] Das Volk sieht in ihm das *sidus Iulium*, die Seele Caesars, weshalb seinem Bild am Scheitel ein Stern zugefügt und im Tempel verehrt wird. Dieser Stern findet sich von nun an in vielen Kaiserporträts wieder.

Der Komet ist jedoch nicht Anlass für die Apotheose Caesars – sie ist bereits vom Senat vollzogen –, vielmehr gilt der Komet dem Volk als Bestätigung für die Vergottung Caesars. Augustus glaubt im Stillen jedoch, dass dieser Stern für ihn aufgegangen sei und dass er mit ihm aufgehe zum Heil der Welt (Plinius, Naturalis Historiae II, 94).

Ein solches kosmisches Ereignis wird in der Folgezeit kennzeichnend für jeden, der „heilbringend" wirken soll. Und so wird auch Christus mit dem (historisch nicht belegten) Stern von Bethlehem als Heilsbringer ausgewiesen.

---

(5) Cic., Pro rege Deiotaro 34. Vgl. Caesar, Fragmente 18: *Haec nova sit ratio vincendi, ut misericordia et liberalitate nos muniamus.*
(6) In den Augen des Senats, der ihm diesen Tempel weihte, war es seine *clementia*, die ihn über das menschliche Maß erhob, und ihre Verehrung im Tempel ein entscheidender Schritt zur späteren Apotheose Caesars. Die enge Anbindung der *clementia* an die Person Caesars kam auch in der Darstellung im Tempel der *Clementia Caesaris* zum Ausdruck, die die göttliche *Clementia* Hand in Hand mit Caesar zeigt.
(7) Das Erscheinen des Kometen ist in der Dichtung mehrfach thematisiert worden: Horaz, Oden I 12, 46-48; Vergil, Ekloge IX 46-49, Aeneis 8, 681, Ovid, Metamorphosen XV, 749.

D Roms Rechtspositionen gegenüber auswärtigen Völkern

1 foederati, socii, amici

Bündnisse *(foedera)* sind ein Mittel der römischen Außenpolitik, sich die Loyalität und militärische Unterstützung fremder Völker für den Krisenfall zu sichern. Gegen das Versprechen Roms, die *foederati/socii* vor Feinden zu schützen, die innere Autonomie nicht anzutasten, ihnen ein eigenes Bürgerrecht zu lassen und keinerlei Steuern zu erheben, verpflichten sich die *foederati* zur Anerkennung Roms als Vormacht und damit zum Verzicht auf jede eigenständige Außenpolitik sowie zu bedingungsloser Waffenhilfe, deren Umfang und Art vertraglich fixiert wurde.

Neben diesen förmlichen Bündnissen existiert seit 188 v. Chr. zunehmend die formlos hergestellte *amicitia*, eine beiderseitige Souveränitätserklärung, die gegenseitige Unterstützung zwar nicht ausschließt, aber nicht zum Inhalt hat. In der späteren Literatur werden die Begriffe *socii* und *amici* zunehmend synonym.

Die Schutzfunktion Roms soll, so Caesar (b.G. 1,43,8) idealisierend, *socii* und *amici* des römischen Volkes nicht nur davor bewahren, dass sie in ihrem Besitzstand durch Dritte beeinträchtigt werden, sondern dazu beitragen, dass sie an Ansehen, Würde und Ehre zunehmen. Tatsächlich ist das Verhältnis jedoch oft brüchig oder einseitig.

Bündnisse zwischen einzelnen Stämmen spielen auch bei den Kelten eine wichtige Rolle.

2 fides

Als politischer Begriff verstanden meint *fides* die Vertragstreue gegenüber fremden Völkern. Sie galt den Römern als eine sie in besonderer Weise auszeichnende Tugend, doch wird sie in der politischen Praxis auch dem Vertragspartner im selben Maße abverlangt und beruht deshalb immer auf Gegenseitigkeit. Im Verkehr der Völker mit Rom ist *fides* deshalb von zentraler Bedeutung, ihre Beachtung bzw. Missachtung kann über Krieg oder Frieden entscheiden.

Ein solches auf *fides* gegründetes Verhältnis entsteht durch Schwur *(iure iurando fidem facere)* als Folge einer Unterwerfung oder Kapitulation *(in fidem recipere* bzw. *se suaque omnia in fidem atque potestatem populi Romani permittere)* oder im Rahmen sonstiger Abhängigkeitsverhältnisse wie etwa im Fall der Klientelstaaten (siehe auch E 2: factiones und Klientel).

Aus der *fides* erwachsen für beide Seiten Sicherheit und Verlässlichkeit, wodurch *fides* außenpolitisch zu einem wichtigen Instrument für politische Stabilität wird. Das Gegenseitige eines solchen Verhältnisses kommt in der Erwartung zum Ausdruck, dass sich beide Parteien von nun an in der Wahrung existentieller Interessen unterstützen. In der Praxis bedeutet das: Rom erwartet von einem unterworfenen Stamm Loyalität und im Bedarfsfall Unterstützung durch Soldaten oder sonstige Hilfsleistungen. Dafür gewährt Rom vor allem militärischen Schutz.[8] Die Verletzung der *fides* (*perfidia*) rechtfertigt schwerste Bestrafung, Tod oder Verkauf in die Sklaverei.

In den Augen der Römer gehörte *fides* zu den unabdingbaren Voraussetzungen eines Gemeinwesens, weshalb sie als einer der ersten abstrakten Begriffe als Göttin verehrt wurde. Kult und Tempel wurden auf Numa zurückgeführt. Historisch gesichert ist die Weihung eines Tempels der *Fides populi Romani* auf dem Kapitol etwa um 250 v. Chr., an dessen Wänden sich u. a. Verträge mit anderen Völkern befanden.

3   bellum iustum

Die Qualifizierung eines Krieges als *bellum iustum* ist in der Frühzeit Roms zunächst ein formaler Akt und stützt sich nicht auf völkerrechtliche Prinzipien. Der bei Livius 1,32,6 geschilderte Ritus der Kriegserklärung hat ausschließlich sakrale, keine völkerrechtliche Bedeutung. In späterer Zeit, und das gilt auch für die Zeit Caesars, treten jedoch weitere Kriterien hinzu: So gilt ein Krieg als gerechtfertigt (*iustus*), wenn Gesandte festgehalten werden (s. u. 4.), die Pflicht zur Hilfeleistung Verbündeter verletzt, Verbündete angegriffen werden oder selbst angreifen. Auch die Maxime vom gefährlichen Nachbarn (zuerst bei Polybios 1,10,6) spielt in diesem Zusammenhang eine Rolle (vgl. b. G. 1,10). Natürlich fehlt es in der römischen Geschichte weder an konstruierten Kriegsgründen noch haben die Römer ihre Feldzüge überhaupt unter dem Aspekt der Kriegsschuld betrachtet.[9]

---

(8) Diese Schutzfunktion betrifft nach b. G. 7,10,1 auch die Bundesgenossen von Stämmen, die mit Rom verbündet waren.
(9) Gleichwohl interessiert sich Caesar – schon aus politischen Erwägungen – dafür, wer in einem Krieg Anstifter und wer Mitläufer ist. So erwähnt er etwa (b. G. 2,16,3), dass die Atuatuker von den Nerviern und ein andermal (b. G. 5,38,1–2) von Ambiorix zum Krieg überredet worden seien. Die Frage der Kriegsschuld spielt auch b. G. 2,14 eine Rolle, wenn die Bellovaker erklären, von ihren Führern zum Abfall von den Haeduern und zum Krieg gegen Caesar verleitet worden zu sein, und – mit Erfolg – seine *clementia* anrufen. (Vgl. auch b. G. 5,1,7.)

Dass Caesar im „Bellum Gallicum" – oft in großer Ausführlichkeit – auf die Rechtfertigung seiner militärischen Aktionen eingeht, ist vor allem auf die Tatsache zurückzuführen, dass seine Feinde in Rom einen Prozess gegen ihn vorbereiten. Caesar ist sich bewusst, dass er nach Maßstäben römischer Tradition mehr als nur einmal die angestammten Rechte des Senats missachtet hat. Die Argumente seiner politischen Gegner schon jetzt zu entkräften wird deshalb zu einem Hauptziel seiner Darstellung des Gallischen Krieges.

4   ius legatorum

Der Gesandte *(legatus)* galt als unverletzlich *(sanctus)*; er durfte weder festgehalten noch gefangen genommen oder verletzt werden. Übergriffe gegen ihn waren mit schweren Strafen belegt, und auch Caesar greift im Fall einer Verletzung des *ius legatorum* unnachgiebig durch (b. G. 3,16,4).

5   Kapitulation

Die Kapitulation nach militärischer Niederlage *(deditio)* ist grundsätzlich bedingungslos. Sie erfolgt durch Übergabe aller Waffen, Auslieferung eventueller Überläufer und Stellen von Geiseln. Wie im Einzelfall dann mit der besiegten Bürgerschaft weiter verfahren wird, ist ganz in das Ermessen des Siegers gestellt. Juristisch gesehen ist der Besiegte rechtlos, das Bürgerrecht aufgehoben, Ehe und Stand annulliert, das Vermögen konfisziert, sein weiteres Schicksal ungewiss. Besiegte können ebenso in die Sklaverei verkauft wie in ehrenvolle Stellung eingesetzt werden oder als *dediticii* (Schutzbefohlene) auf die Verleihung eines neuen Bürgerrechts oder juristische Wiederherstellung ihrer Bürgerschaft hoffen. Die Verfügung darüber hat allein der Feldherr, der die *deditio* angenommen hat.

Wer eine Kapitulation anstrebt, jedoch die Voraussetzungen nicht vollständig erfüllt (b. G. 2,33,2f) oder nach der *deditio* sich durch Flucht zu entziehen sucht (b. G. 1,27,4), verfällt der ganzen Härte des Kriegsrechts (siehe auch D 8: ius belli).

Die *deditio* bedeutet aber auch den Beginn eines Schutzverhältnisses (siehe D 2: fides). So zieht Caesar seine Soldaten gegen Abend aus der Stadt, die sich ihm ergeben hat, ab, um ihre Bewohner vor Übergriffen zu schützen (b. G. 2,33,1), verspricht den Besiegten militärischen Schutz gegen die Nachbarn (b. G. 2,32,2) oder stellt ihre Versorgung mit Lebensmitteln sicher (b. G. 1,28,3).

6 Unterwerfung

Auch ohne dass eine militärische Auseinandersetzung stattgefunden hat, kommt es zur Unterwerfung von Völkerschaften. So etwa unterwerfen sich die Remer, um einen Krieg Caesars gegen sie zu vermeiden (b. G. 2,3,2). Mit dem Versprechen *se suaque omnia in fidem atque potestatem populi Romani permittere* begeben sie sich unter die Vorherrschaft Roms, doch hat eine solche Unterwerfung – anders als die *deditio* nach einer militärischen Niederlage – keine Rechtsfolgen für die Bürger dieses Volkes. Das Stellen von Geiseln ist jedoch auch im Fall der Unterwerfung unabdingbar, die Bereitschaft zu Hilfeleistungen gegenüber Rom selbstverständlich. Terminologisch unterscheidet Caesar die Unterwerfung nicht von der Kapitulation und spricht in beiden Fällen von *deditio*.

7 Geiseln

Geiseln – im „Gallischen Krieg" sind es immer Personengruppen, keine Einzelpersonen – dienen der Absicherung zwischenstaatlicher Verpflichtungen, vor allem im Fall der Kapitulation, aber auch bei der Unterwerfung. Neben dieser einseitigen Absicherung, die in Wendungen wie *obsides dare* oder *obsides poscere* zum Ausdruck kommt, gibt es die gegenseitige, bei der Geiseln ausgetauscht werden *(obsides inter se dare)*, um die Bindung aller Parteien, meist an einen Militärpakt, zu garantieren.

Bei den Personen, die als Geiseln gestellt werden, handelt es sich oft um die Kinder, genauer gesagt Söhne der führenden Schicht (b. G. 3,2 u. ö.). Auch die Adligen selbst werden als Geiseln genommen (b. G. 5,5). Ihre Zahl, soweit sie angegeben ist, schwankt zwischen 40, 100, 200 und kann sogar 600 Personen betragen (b. G. 2,15), was allerdings als besonders viel bezeichnet wird. Bei einer so großen Zahl von Geiseln wird es sich wohl nicht mehr nur um die Kinder der führenden Schicht handeln, sondern auch in anderer Weise wichtige Personen betreffen. Die Geiseln werden an einen sicheren Ort verbracht und unter Aufsicht, auch befreundeter Völker, gestellt. Ihre Rechtsstellung ist unklar, aber wohl ähnlich der von Kriegsgefangenen, auch wenn sich ihr Verkauf in die Sklaverei naturgemäß verbot.

8 ius belli

Ein kodifiziertes Kriegsrecht, das etwa Rechte von Kriegsgefangenen oder der Bürger des besiegten Stammes festgelegt hätte, gab es in der

Antike nicht. Das *ius belli* ist daher zunächst das Recht des Stärkeren, der gegenüber dem Besiegten schalten und walten kann, wie es ihm beliebt. In diesem Sinne führt der Germane Ariovist (b. G. 1,36,1) aus, es sei Kriegsrecht, dass die Sieger über die Besiegten nach Gutdünken herrschten. Bei den Römern ist jedoch der Friedensvertrag nach der *deditio*, in deren Folge ein Treue- und Schutzverhältnis *(fides)* entsteht, die Regel. So etwa lässt Caesar die Atrebaten unangetastet *(immunis)* nach ihren eigenen Rechten und Gesetzen leben, schont auch Bellovaker, Nervier, Remer, Suessionen und viele andere Völkerschaften.

Im Fall eines Treubruchs allerdings *(perfidia)* muss der Gegner damit rechnen, dass Caesar nun von den unumschränkten Rechten, die ihm eine *deditio* gibt, Gebrauch macht. So etwa kennt Caesar gegenüber den Atuatukern, die er tags zuvor noch zu schonen bereit war, keine Gnade und verkauft sie in die Sklaverei (b. G. 2,33,6f). Im Regelfall jedoch lässt er seine *clementia* walten (siehe C 4: clementia Caesaris), die sich inzwischen auch bei den Kelten herumgesprochen hat.

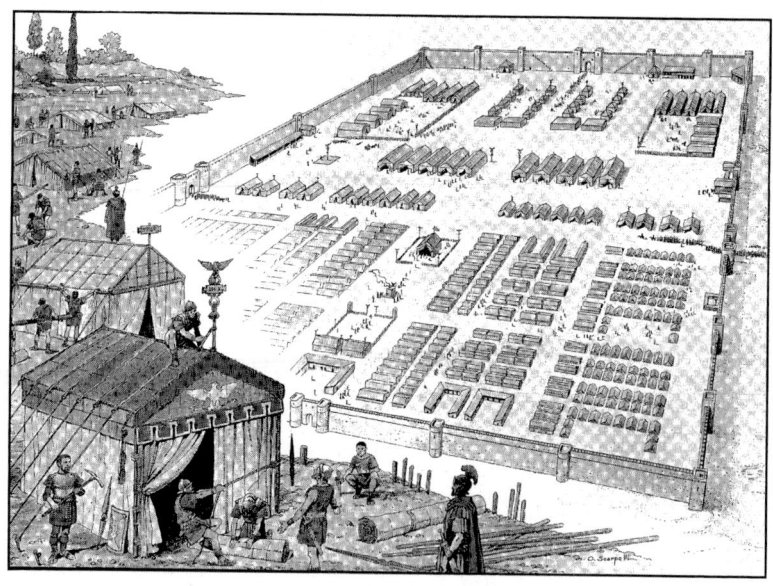

Abb. 3: Römisches Feldlager, hier mit einem gemauerten Fort (statt eines Erdwalls) umgeben, als festes Lager, wie es oft zur Wiege einer späteren Stadt wurde. Siehe auch L 13: Das Lager. (Aus: Flip-Poster S.P.Q.R – s. Lit. 2 –, Nr. 13/14)

E Staat und Gesellschaft der Gallier

1   Die Ständegesellschaft

Die Gesellschaft, auf die Caesar in Gallien stieß, war oligarchisch strukturiert. An der Spitze stand der **Adel**, der weiträumig und über alle Stammesgrenzen hinweg versippt, innerhalb der einzelnen Stämme jedoch oft zerstritten und verfeindet war (siehe E 2: factiones).

Grundbesitz, Anteil an Zöllen und Steuern sowie Münzprägung – etwa durch mächtige Männer wie Orgetorix, Dumnorix oder Vercingetorix – waren die wirtschaftliche Basis dieses Adels.

Aus ihrem Kreis wählen die Angehörigen des Adels Könige (Monarchie) bzw. Führer (Aristokratie), deren Regentschaft oft auf ein Jahr begrenzt ist. Auch die Institution eines Ältestenrats (Senat) ist für viele Stämme belegt. Dass auch Männer, die nicht dem Adel angehörten – wohl im Zuge der Entwicklung der Stadtkultur – zu Ansehen und Macht gelangen konnten, belegt b. G. 7,32,4, doch ändert das nichts an der prinzipiellen Dominanz des Adels, der, auf seine Klientel gestützt (siehe E 2: factiones und Klientel), oft mehr Macht besitzt als der amtierende Magistrat (b. G. 1,17,1). Überhaupt ist die Gestaltung realer Machtverhältnisse wechselvoll und angesichts der Spaltung in *factiones* ein – politisch wohl gewolltes – instabiles System, das jedem seine Option auf die Macht beläßt.

Ihren Lebenszweck sehen die Adligen nach Caesar im Erwerb von Kriegsruhm und in der Ausweitung ihrer Macht auch auf andere Stämme. Innenpolitisch scheinen sie nur so weit interessiert, wie es der Erhaltung ihrer Macht dient. Im Kriegsfall stellen die Adligen die Reiterei und ziehen als deren Anführer selbst mit in den Krieg, weshalb Caesar diesen Stand als *equites* bezeichnet.

Neben und teilweise über diesem rein weltlichen Adel existiert der Stand der **Druiden**, der sich zwar aus dem Kreis der Adligen rekrutiert, aber dank seiner speziellen Aufgaben innerhalb der Gesellschaft eine eigene Rolle spielt.

Die Zuständigkeit der Druiden betrifft nicht nur Fragen der Religion, die Durchführung von Opfern, auch Menschenopfern, und das Erstellen von Orakeln, sondern erfasst auch weltliche Bereiche wie die Rechtspflege und die Unterweisung der aristokratischen Jugend in Dingen der Morallehre, der Kalenderkunde, der Mythologie und der mündlich tradierten keltischen Dichtung.

Sie werden angeführt von einem durch Wahl ermittelten Oberdruiden, der dieses Amt dann bis zu seinem Tod innehat. Nach Caesar sind sie von Steuern befreit und leisten keinen Kriegsdienst. Ihr Zentralheiligtum lag auf der Insel Mona (heute Isle of Man), wie überhaupt die ganze Lehre der Druiden aus Britannien stammen soll (b. G. 6,13,11).

Der dritte Stand, das **gemeine Volk**, ist, so Caesar, machtlos und ohne jede Bedeutung. Nur als Gefolgschaft *(clientes)* einzelner Adliger, die sich durch Freigebigkeit bei ihm beliebt zu machen suchen (b. G. 1,18,3), hat es Relevanz. Rechte, etwa ein Wahlrecht, hat das Volk, auch in den Städten, nicht.

Die meisten von ihnen leben nach Caesar in Armut. Schulden, die Höhe der Steuern oder auch Übergriffe des Adels treiben sie in die Knechtschaft. Sie geraten in eine Abhängigkeit, die sie nun auch im privaten Bereich entmündigt. Ihre Rechtsstellung beschreibt Caesar (b. G. 6,13,2) deshalb als sklavenähnlich.

2   factiones und Klientel

Das Verhältnis der gallischen Bürgerschaften *(civitates)* untereinander wie auch die innenpolitischen Verhältnisse jeder einzelnen Bürgerschaft, ja jeder Familie (b. G. 6,11,2) sind nach Caesar bestimmt von der Existenz zweier konkurrierender *factiones*, was man etwa mit Parteiungen oder Machtblöcken zu übersetzen hat. An ihrer Spitze stehen Adlige, die sich durch Ansehen und vor allem Geld eine Anhängerschaft gewonnen haben, die teilweise in Abhängigkeit (Klientel) von ihnen lebt.

> Beispiele solcher Rivalitäten selbst innerhalb von Familien sind die Brüder Diviciacus und Dumnorix bei den Haeduern (b. G. 1,17f), Cingetorix und Indutiomarus bei den Treverern (b. G. 5,3,2f) oder auch Vercingetorix und Gobannitio bei den Arvernern (b. G. 7,4). – Gelegentlich führt die Spaltung in *factiones* auch zu einer Aufteilung des Staatsgebiets, so etwa bei den Eburonen, wo der König Catuvolcus über den mittleren Teil, Ambiorix über den Rest des Landes herrscht (b. G. 6,31,5).

Nach Caesar (b. G. 6,11,4) haben diese *factiones* den Sinn, sozial Schwächere gegen Übergriffe von Mächtigen zu schützen. In der sozialen Realität aber haben die *factiones* vor allem ein Anwachsen der Machtfülle einzelner Fürsten zur Folge, die, gestützt auf diese Klientel, nun ihre politischen Interessen mit großem Nachdruck durchzusetzen versuchen – Verhältnisse also, die auch bei den Römern üblich sind.

Im zwischenstaatlichen Bereich kommt es durch die *factiones* zu einer – oft militärisch ausgetragenen – Rivalität einzelner Stämme um die Vorherrschaft in größeren Räumen Galliens. Um sie zu erlangen, sucht jeder Stamm so viele Stämme als möglich zu unterwerfen oder auf anderem Weg an sich zu binden. So etwa lebten die Eburonen vor Caesar in Abhängigkeit von den Atuatukern, denen sie Geiseln stellen und Tribut zahlen mussten. Etwas freier scheint sich dagegen die Abhängigkeit der Bellovaker von den Haeduern gestaltet zu haben, deren Verhältnis zueinander (b. G. 2,14,2) als durch *fides* und *amicitia* bestimmt dargestellt wird.

Dieses Verhältnis der Stämme untereinander greift das innerstaatliche Organisationsprinzip der Klientel auf, weshalb man solche abhängigen Stämme auch als Klientelstaaten bezeichnet. Beide Formen der Klientel hängen insofern miteinander zusammen, als die Fürsten hoffen, mit Hilfe ihrer Klientel als einer der Großen des Landes nun auch die Außenpolitik bestimmen und Herr werden zu können über andere Völkerschaften.

Zur Zeit Caesars entzündet sich die Rivalität der *factiones* naturgemäß an der Frage, wie man zu den Römern steht, und so gibt es in fast jeder Bürgerschaft eine romfreundliche und eine romfeindliche Partei. (Zu den politischen Auswirkungen siehe I 4.1: Galli mobiles.)

3 Keltische Städte

Unter dem Einfluss Massilias und anderer von griechischer Kultur geprägter Städte kommt es ab dem 2. Jahrhundert v. Chr. in Gallien zu einer Blüte der Stadtkultur.

Caesar, der rund 100 Jahre nach Beginn dieser Entwicklung dorthin kommt, führt im „Bellum Gallicum" über zwanzig Städte namentlich auf und beschreibt einige von ihnen als reich und schön. Diese Städte stellen jedoch nur eine kleine Zahl derer dar, die die Kelten erbaut hatten. Oft wird nur der Hauptort eines Stammes angegeben und andere Städte gar nicht genannt. Nur aus besonderem Anlass erfahren wir etwa b. G. 7,15,1, dass die Biturigen neben Avaricum noch über zwanzig weitere Städte besaßen. Ihre Gesamtzahl muss auf mehrere Hundert geschätzt werden. Rund 100 von ihnen sind inzwischen durch archäologische Grabungen freigelegt und beweisen die hohe Stadtkultur jener Zeit.

Die Städte waren Zentren des Handels, des Handwerks und der Verwaltung sowie religiöse Kultstätten und waren – wie auch Caesars Ausführung über die Stadt Avaricum (b. G. 7,15) bezeugt – von hoher städtischer Wohnkultur. Erscheinungen wie Zollwesen, Geldwirtschaft oder der Gebrauch griechischer Schrift beweisen wesentlich mehr Nähe zu den Lebensformen der Bewohner des Mittelmeeres als zu denen der Germanen.

Nach dem Gallischen Krieg nehmen viele dieser Städte im Zug der Romanisierung römischen Charakter an, was sich besonders an der Anlage von Straßen, Theatern, Foren und Wasserleitungen, aber auch an den nach römischem Vorbild ausgestalteten Privathäusern ablesen lässt. Viele Städte sind als wichtige Verkehrsknotenpunkte später in den antiken Itinerarien eingetragen und nicht wenige von ihnen überdauerten die Zeit, wurden aus- und umgebaut und existieren bis heute. (Siehe auch H: Gallien in der Zeit nach Caesar.)

Abb. 4: Römer belagern eine Stadt mit ihrer Kriegsmaschinerie: Schutzvorrichtungen für die Angreifer, Katapulten und Sturmböcken. Siehe auch L 16 und L 17. (Aus: Flip-Poster S.P.Q.R – s. Lit. 2 –, Nr. 17)

F Gallien im Widerstand

1   Die Geschichte des Widerstands

Die Gegnerschaft der Gallier gegen Rom entwickelt sich ganz allmählich gegen Ende des Jahres 58, ist dann aber bald von steigender Erbitterung geprägt.

Einer der ersten Gegner Caesars ist der Haeduer Dumnorix. Er ist einer der großen Herren Galliens. Gute Verbindungen zu den Nachbarvölkern machen ihn zu einem der mächtigsten Männer seiner Zeit. Stolz lässt er sein Bild auf Münzen prägen. Mit dem Vermögen, das er durch Einkünfte aus Zöllen und Steuern sowie Münzprägung erworben hat, finanziert er eine berittene Privatarmee und weiß sich durch Freigebigkeit die Zuneigung des Volkes zu sichern. Er hat hochfliegende Pläne und strebt – gegen den Widerstand seines Bruders und hoher Beamter – die Monarchie an und macht sich, so Caesar, berechtigte Hoffnungen auf den Thron. 61 war er deshalb an der Verschwörung des Orgetorix beteiligt.

Unter römischer Vorherrschaft sieht Dumnorix nun alle Hoffnung auf eine politische Veränderung in seinem Sinne schwinden und fürchtet, weiter an Einfluss zu verlieren, zumal Caesar seinen Bruder Diviciacus begünstigt und ihm inzwischen zu Macht und Ansehen verholfen hat. Er hintertreibt daher die Kooperation seines Bruders mit den Römern, indem er seinen ganzen Einfluss daransetzt, die versprochenen und dringend benötigten Getreidelieferungen zu stoppen. Mitte 58 stellt Caesar ihn politisch kalt.

Dieser erste Versuch, sich römischer Vorherrschaft zu widersetzen, erscheint ganz an die Person des Dumnorix gebunden und nicht von weiteren Fürsten getragen. Ganz im Gegenteil scheinen viele von ihnen nach der Repatriierung der Helvetier in Caesar nicht den Gegner, sondern den Retter zu sehen, der es mit Ariovist aufnehmen und sie endlich von germanischem Joch befreien kann (b. G. 1,31,12f).

Offensichtlich glauben sie, dass der Spruch des Senats von 121, Gallien solle frei sein, noch Gültigkeit hat. Sie erkennen nicht, dass Caesar seine Machtinteressen inzwischen auf ihr Gebiet ausgeweitet hat und ihr Hilfegesuch als willkommene Einladung versteht, sich als Schutzpatron der Kelten auszuweisen, um sie anschließend römischer Vorherrschaft zu unterstellen.

Als Caesar nach dem Sieg über Ariovist seine Truppen nicht abzieht, sondern bei den Sequanern stationiert, wird den Galliern klar, dass die

Präsenz römischer Truppen das Ende ihrer politischen Ambitionen bedeutet (b. G. 2,1). Der Widerstand beginnt.

Im Frühjahr 57 stellen sich Teile des gallischen Adels auf die Seite der aufständischen Belger, doch bleibt eine konkrete militärische Unterstützung – wohl bedingt durch die Schnelligkeit, mit der Caesar reagiert – aus. Caesar seinerseits weiß, dass Teile des Adels sich mit den aufständischen Belgern verschworen haben, doch zieht er nach der Niederwerfung der Belger keinen von ihnen zur Rechenschaft.

Der Eindruck, den seine Siege bei den Zeitgenossen hinterlassen, ist groß: Selbst rechtsrheinische Germanenstämme schicken Ergebenheitsadressen und in Rom ordnet der Senat ein 15tägiges Dankfest an, was, wie Caesar stolz hervorhebt, noch keinem vor ihm zuteil geworden sei (b. G. 2,35,4). Die Reaktion der Gallier schildert Caesar nicht. Zweifelsohne aber hatte ihnen sein energisches Vorgehen deutlich gemacht, dass er seine Interessen in Gallien mit großer Entschlossenheit verfolgte und gegen jeden antreten würde, der seine Vorherrschaft in diesem Raum in Frage stellen sollte. Ein eventueller Kampf gegen ihn könnte nicht von einem einzelnen Stamm geführt werden, sondern würde einen organisierten Widerstand voraussetzen.

Zu einem solchen Widerstand waren die Gallier aber bis zum Jahr 54 offensichtlich nicht in der Lage. Zwar argwöhnt Caesar bereits im Jahr 55, dass einige – bezeichnenderweise nicht namentlich genannte – Fürsten sich mit den germanischen Usipetern und Tenkterern verschworen haben und offenbar hoffen, sich mit deren Hilfe von römischer Fremdherrschaft befreien zu können, doch scheitern solche Hoffnungen wenig später mit der verheerenden Niederlage der Germanen.

Angesichts dieser Ereignisse klagt Caesar dem Leser zum wiederholten Mal die *infirmitas Gallorum*, denen jedes Mittel recht sei, wenn es nur einen politischen Wandel zur Folge habe. Vor denen, die Caesar wegen der Vorgänge am Rhein zusammengerufen hat, spielt er jedoch den Ahnungslosen, um nicht gegen sie vorgehen zu müssen. Doch bleibt die Verschwörung nicht ohne Konsequenzen. Den Wankelmut der Fürsten vor Augen entschließt sich Caesar, die meisten von ihnen auf seine Fahrt nach Britannien mitzunehmen, um eine befürchtete Erhebung in seiner Abwesenheit zu verhindern.

Diese Geiselnahme bedeutet eine neue Qualität im Umgang Caesars mit den Galliern, denn damit hat er nicht nur ihre politische, sondern erstmals auch ihre persönliche Freiheit beschnitten, eine Demütigung, die einen Mann wie Dumnorix zu offenem Widerstand treibt. Den Versuch, sich der Einschiffung durch Flucht zu entziehen, muss er jedoch mit dem Leben bezahlen: Als er sich der Festnahme widersetzt, wird er von römischen Soldaten erschlagen. Seine trotzig-stolzen Worte „Ich bin ein freier Mann und Bürger einer freien Bürgerschaft", mit denen er stirbt, mögen sehr treffend die Gefühle auch anderer keltischer Fürsten wiedergegeben haben.

Es verwundert deshalb nicht, dass die Gallier zu Beginn des Winters 54/53 eine allgemeine Erhebung wagen. Caesar muss feststellen, dass außer den Haeduern und Remern kein Stamm mehr unverdächtig ist (b. G. 5,54,4). Sein Umgang mit den Gegnern gewinnt nun weiter an Schärfe: Nach dem Sieg über die Aufständischen ist er nicht mehr bereit, die Rädelsführer zu schonen. Er stellt eine Untersuchung an und lässt den Senonen Acco als Haupt der Erhebung hinrichten.

Dieses rigorose Vorgehen, das übrigens durchaus im Einklang mit römischer Tradition stand, muss für die gallischen Fürsten ein Schock gewesen sein. Noch nie zuvor hatte Caesar die bloße Tatsache ihres Widerstands als strafwürdiges Verbrechen gewertet und einen der Ihren dafür persönlich zur Rechenschaft gezogen.

Trotz der allgemeinen Angst, die nun bei den Galliern umgeht, bieten sich die Carnuten Anfang 52 als Speerspitze der Erhebung an und überfallen wenig später die römische Handelsniederlassung in Cenabum.

Mit welcher Verzweiflung die Gallier nun versuchen, sich aus römischer Vormundschaft zu befreien, zeigt die Politik der verbrannten Erde, zu der sich Vercingetorix entschließt: An einem einzigen Tag lassen sie über 20 ihrer Städte in Flammen aufgehen. Doch erst als auch die Haeduer abfallen, gewinnt der Aufstand eine Dimension, die alle bisherigen Erfolge Caesars in Frage stellt. Mit vereinten Kräften versuchen sie sich nun von Rom zu befreien. Aber auch ihre riesige Streitmacht von 250.000 Fußsoldaten und 8000 Reitern ist nicht in der Lage, die Linien Caesars um Alesia zu durchbrechen, und wird schließlich geschlagen. Der Aufstand bricht bis auf einen kleinen Rest zusammen.

2 Caesars Versuche einer friedlichen Kooperation

Nach seinem Sieg bei Alesia gibt Caesar die Gefangenen vom Stamm der Haeduer und Arverner ihren Stämmen zurück in der Hoffnung, sie durch diese *clementia* für sich gewinnen zu können (b. G. 7,89,5). Doch ist dies keineswegs der erste Versuch einer friedlichen Kooperation. Vielmehr scheint Caesar von Anfang an bemüht, sich die Fürsten durch *clementia, beneficia* und sogar *amicitia* geneigt zu machen. (Siehe auch C 4: clementia Caesaris.)

So stärkt er schon 58 Diviciacus bei den Haeduern und begnadigt auch dessen Bruder Dumnorix, obwohl dieser zu seinen erbittertsten

Gegnern zählt. Auch nach der Unterwerfung der Belger im Jahre 57 zieht er keinen der mitverschworenen Gallier zur Rechenschaft und glaubt auch 55 nichts gegen diejenigen unternehmen zu sollen, die germanische Stämme aufgefordert hatten, tiefer nach Gallien vorzustoßen. Noch 52 – Teile der Haeduer hatten sich bereits erhoben und sich sogar an römischen Bürgern vergriffen – verspricht er ihnen, nicht in seiner *benevolentia* nachlassen zu wollen, obwohl ihm bekannt ist, dass sie bereits Kriegspläne schmieden.

Die Liste solcher Kooperationsversuche ließe sich fortsetzen, doch es kommt hier nicht auf einzelne an: Entscheidend ist, dass sie durchaus glaubhaft sind, denn solche *beneficia* sollten ja Dankbarkeitsverhältnisse etablieren, die die Situation in Gallien stabilisieren und friedensstiftend hätten wirken können.

Aber der Frieden, auf den die *beneficia* zielen, stellte sich nicht ein. Enttäuscht muss Caesar 52 feststellen, dass kein noch so großes Verdienst und keine Freundschaft die Kelten in ihrem Freiheitsdrang aufhalten könne (b. G. 7,76,1). Die Alternative aber hieß Krieg.

3 Motive und Ziele des Widerstands – die Sinnkrise des Adels

Warum wählen die gallischen Fürsten die militärische Lösung, statt sich mit Caesar zu arrangieren? Diese Frage führt uns zu den Motiven und Zielen des Widerstands, eine heikle Frage, denn bei ihrer Beantwortung sind wir ganz auf die Darstellung angewiesen, die Caesar uns davon gibt.

So schlüssig seine Darstellung in vieler Hinsicht auch erscheint, es bleibt offen, ob es bei diesem Widerstand nicht auch um anderes, etwa die Verteilung von Ressourcen, ging. Die hasserfüllte Rede Critognats (b. G. 7,77,3ff) jedenfalls verweist auf die *invidia* der Römer, die ja *avaritia* voraussetzt, und warnt die Gallier vor dem Schicksal römischer Provinzen (b. G. 7,77,16).

Caesar allerdings schildert uns den Widerstand der Gallier als einen machtpolitischen Kampf herausragender Fürsten, die vor allem persönliche Ziele im Auge haben. Wie er am Beispiel der Fürsten Orgetorix und Dumnorix oder auch der Fürsten der Haeduer und Sequaner vor 58 zeigt, ist ihr Bestreben in der Hauptsache darauf gerichtet, *militärischen Ruhm* und *persönliche Macht*, vor allem auch über andere Völker, zu erringen. Nur so könnten sie sich im Reigen der Stämme eine der führenden Rollen, wenn nicht sogar die Vorherrschaft über ganz Gallien sichern, was er als das Hauptziel der ehrgeizigsten unter ihnen darstellt.

Solche Ambitionen waren mit römischer Vorherrschaft allerdings nicht vereinbar. Die Fürsten sehen sich deshalb durch Caesar ihrer Freiheit beraubt und wehren sich. Die Freiheit, die es zu erringen galt, zielte demnach nicht etwa auf die nationale Unabhängigkeit ihrer Völker, sondern einzig auf die Souveränität der Fürsten und den Glanz ihrer Macht. Das eigentliche Programm dieses Widerstands wäre damit die Wiederherstellung alter Adelsherrlichkeit.

Caesars Politik, die Fürsten mit *clementia* und *beneficia* zu umwerben, kann deshalb nicht verfangen: Weder die Tatsache, dass die innere Autonomie vieler Stämme auch unter Caesar gewahrt bleibt, noch die Macht, die einzelne Fürsten aus seiner Hand empfangen, vermag diesen Verlust an Freiheit, der ja ein Verlust ihrer Identität als Fürsten war, auszugleichen.

Und so wächst ihre Verbitterung über die römische Vorherrschaft in dem Maße, wie ihr vergebliches Ringen immer deutlicher werden lässt, dass ihre Rolle als Gestalter der politischen Landkarte Galliens ausgespielt ist. Ohne diese Gestaltungsfreiheit aber ist nicht nur der einzelne Adlige bedeutungslos, sondern der Adel seiner traditionellen Rolle beraubt und *als Stand* überflüssig geworden. Den Fürsten bleibt deshalb keine Wahl: Sie müssen sich – auch unter Gefahr für ihr eigenes Leben – Caesar widersetzen und versuchen seine Herrschaft abzuschütteln.

Die nach Caesar einsetzende Romanisierung wird die Aufgabe haben, die Rolle dieses Adels neu zu definieren, soll Gallien auf Dauer befriedet sein. (Siehe H: Gallien in der Zeit nach Caesar.)

G Die Geschichte des Gallischen Krieges

Für **58 v. Chr. = 1. Buch** siehe oben B 3 (Die politische Wende) und B 4 (Auseinandersetzung mit Ariovist).

57 v. Chr. = 2. Buch

Im Jahr 57 erheben sich **die Belger**. Laut Caesar fürchten sie, dass nach dem Krieg des vergangenen Jahres Caesar sein Heer bald auch zu ihnen führen werde. Auch würden sie von einigen gallischen Führern aufgewiegelt, die teils besorgt seien, dass sich die Römer in Gallien einnisten, teils befürchteten, dass sie unter römischer Herrschaft wenig Chancen hätten, auf den Thron zu gelangen. Zahlreiche belgische, aber auch einige Germanenstämme rüsten zum Krieg. Die Gesamtzahl ihrer Soldaten wird mit über 300.000 angegeben, denen acht römische Legionen gegenüberstehen.

Als Caesar daraufhin schneller als erwartet nach Belgien einmarschiert, unterwerfen sich die Remer. Caesars Ziel ist es nun, die Kontingente der Gegner an einer Vereinigung zu hindern. Er lässt zu diesem Zweck das Gebiet der Bellovaker durch die Haeduer verwüsten und schlägt selbst an der Aisne ein Lager auf; der Quästor (siehe L 1b: Offiziere) Crassus wird zu den Seestaaten abkommandiert. Die Belger beginnen nun mit dem Sturm auf Bibrax, eine Stadt der Remer, die acht Meilen von Caesars Lager entfernt ist. Es gelingt ihnen jedoch nicht, die Stadt zu erobern. Als sie in Versorgungsschwierigkeiten geraten, beschließen sie den Rückzug. Caesar setzt mit der Reiterei und drei Legionen nach und wirft sie in die Flucht. Viele Belger werden dabei getötet. In wenigen Tagen zwingt er auch Suessionen, Bellovaker, Ambianer, Nervier und Atuatuker zur Kapitulation. Zur selben Zeit vermeldet Crassus seinen Sieg über die Küstenvölker.

Caesars Erfolge hinterlassen einen so gewaltigen Eindruck, dass selbst rechtsrheinische Staaten ihre Unterwerfung anbieten. Der römische Senat beschließt auf Grund dieser Ereignisse ein 15tägiges Dankfest (siehe L 25: supplicatio).

56 v. Chr. = 3. Buch

Noch im Herbst des Jahres 57 schickt Caesar Galba mit der 12. Legion und einem Teil der Reiterei zu einigen **Völkern in den Alpen**. Er soll dort das Gebiet für Händler (!) sicherer machen. Nach einigen erfolgreichen kleineren Kämpfen stationiert Galba zwei Kohorten im Gebiet der Nantuaten und zieht mit dem Rest der Legion ins Winterlager. Aber schon kurz darauf greifen ihn die Feinde mit 30.000 Mann an. Es kommt zu einem erbitterten Kampf, bei dem die Römer schließlich ein Drittel ihrer Gegner töten. Der Rest flieht. Galba aber verlegt das Winterlager daraufhin in das Gebiet der Allobroger.

Zur selben Zeit liegt P. Crassus mit der 7. Legion bei den Anden im Winterlager. Um Getreide zu beschaffen, schickt er mehrere Militärtribunen zu den Nachbarvölkern, darunter auch zu den **Veneter**n. Die glauben ihre Stunde gekommen, nehmen die römischen Gesandten fest und versuchen die Geiseln, die sie Crassus im vergangenen Jahr stellen mussten, freizupressen. Das Beispiel macht bei den Nachbarn Schule, und schon bald befinden sich Veneter und mehrere andere Völker der Normandie, aber auch die belgischen Moriner und Menapier in Aufruhr. Die Britannier entsenden Hilfstruppen, und selbst Germanenstämme sollen im Anmarsch sein.

Caesar teilt daraufhin das Heer. Labienus soll die Remer und andere Belger an ihre Pflichten erinnern, Crassus marschiert in Aquitanien ein, T. Sabinus soll die Truppen der Küstenvölker auseinander halten. Brutus erhält den Befehl, mit Schiffen an die Küste zu den Venetern zu fahren. Caesar selbst begibt sich auf dem Landweg dorthin, muss aber nach vielen mühevollen, doch vergeblichen Versuchen einsehen, dass eine Eroberung ihrer Städte aussichtslos ist. Er entschließt sich daher zu einem Seekrieg. Doch auch der gestaltet sich schwierig. Schließlich können die Veneter durch den Einsatz der *falx navalis*, mit der die Römer die Taue kappen und so die Schiffe manövrierunfähig machen (siehe L 20: Die Flotte), besiegt werden. Eine plötzlich eintretende Windstille verhindert überdies ihre Flucht. Caesar, der wegen der Verletzung des *ius legatorum* ein Exempel statuieren will, lässt den Senat der Veneter hinrichten und verkauft alle anderen in die Sklaverei.

Sabinus siegt währenddessen über die **Seevölker**. Zur selben Zeit kämpft Crassus im Gebiet der Aquitaner, die sich, bis auf wenige Stämme, ergeben.

Caesar marschiert nun in das Gebiet der Moriner und Menapier, die sich dem Aufstand der Seestaaten angeschlossen hatten und zu keinem Frieden bereit waren. Die aber fliehen in die Sümpfe und Wälder. Caesar lässt eine Schneise in den Wald schlagen und ist schon ein gutes Stück vorangekommen, als ein Unwetter jede weitere Arbeit unmöglich macht. Caesar verwüstet das Land und überwintert in der Normandie.

55 v. Chr. = 4. Buch

Im Jahr 55 geraten **die germanischen Usipeten und Tenkterer** unter den Druck der Sueben und müssen ihr Gebiet räumen. Mehrere Jahre irren sie umher, bis sie in das Gebiet der Menapier gelangen, die zu beiden Seiten des Rheins siedeln. Nach anfänglichen Schwierigkeiten gelingt es ihnen schließlich durch eine List, den Fluss zu überqueren. Sie nehmen alle Häuser der Menapier in Besitz und ernähren sich den Rest des Winters von deren Vorräten.

Den Wankelmut der Gallier vor Augen, fürchtet Caesar, in einen größeren Krieg verwickelt zu werden, und tatsächlich haben sich auch schon gallische Gesandte bei den Germanen eingefunden, die sie ermuntern, tiefer nach Gallien vorzustoßen. Wegen der unruhigen Lage beruft Caesar einen Landtag ein, „beruhigt" die versammelten Fürsten und teilt ihnen seinen Entschluss mit, gegen die Germanen in den Krieg zu ziehen. Dabei sollen sie ihn mit Reiterei unterstützen.

Auf dem Weg zu den Germanen trifft eine Delegation ein, die ihm Frieden und Freundschaft anbietet. Caesar solle ihnen Land zuteilen oder dulden, dass sie die besetzten Gebiete behalten. Caesar lehnt ihr Ansinnen, in Gallien siedeln zu wollen, ab, verspricht ihnen aber Land bei den Ubiern, die, zu der Zeit ebenfalls unter dem Druck der Sueben, Caesar um Hilfe angegangen waren. Die Germanen erbitten sich Bedenkzeit. In der Zeit solle Caesar nicht weiter auf sie zurücken. Doch Caesar lehnt ab, denn er vermutet, dass sie diese Zeit arglistig nutzen wollten, um das Eintreffen einer zum Furagieren ausgeschickten Reiterabteilung abzuwarten. Caesar rückt deshalb weiter vor. Als die Germanen die römische Reiterei gewahr werden, greifen sie an. Die Reiterei der Römer gerät in Panik und verliert 74 Reiter.

Caesar sieht sich in seinem Verdacht, dass die Germanen Verhandlungen nur zum Schein führen, bestätigt. Als tags darauf alle Germanenführer „mit gleicher Verstellung und Hinterhältigkeit", wie Caesar sagt, ins römische Lager kommen, um sich wegen des Vorfalls zu entschuldigen, und einen Waffenstillstand aushandeln wollen, nimmt er sie fest und lässt die Germanen angreifen. Völlig überrascht und ohne Führer, ergreifen die Germanen nach kurzer Gegenwehr die Flucht. Am Zusammenfluss von Maas und Rhein werden sie von den Römern eingeholt. Die einen werden getötet, andere gefangen genommen, der Rest von ihnen ertrinkt im Fluss. Nur der Teil der Reiterei, der über die Maas geschickt worden war, um Getreide zu beschaffen und Beute zu machen, kann sich retten und kommt bei den Sugambrern unter.

Caesar ist wegen des neuerlichen Germanen-Einfalls beunruhigt und beschließt, **den Rhein zu überqueren**. Zuvor fordert er die Sugambrer auf, die Germanen, die bei ihnen Unterschlupf gefunden haben, auszuliefern. Die Sugambrer lehnen das ab. Als Caesar nach nur zehn Tagen, die der Brückenbau in Anspruch nimmt, den Rhein überschreitet, verstecken sich die Sugambrer in den Wäldern. Auch die Sueben verlassen ihre festen Plätze und sammeln ihr Heer im Landesinneren. Als Caesar seine Ziele erreicht sieht, kehrt er nach 18 Tagen zurück.

Um die militärische Unterstützung durch Hilfstruppen aus **Britannien** zu unterbinden, entschließt er sich trotz der fortgeschrittenen Jahreszeit zu einer Überfahrt. Da das Land so gut wie unbekannt ist und Caesar auch von Händlern, die er befragte, kaum nennenswerte Informationen erhalten konnte, schickt er C. Volusenus mit einem Kriegsschiff auf Erkundungsfahrt. Er selbst marschiert in das Gebiet der Moriner, denn von dort aus soll man nach seinen Informationen auf dem kürzesten Weg nach Britannien gelangen können. Eine inzwischen eingetroffene Delegation von Britanniern, die ihm ihre Unterwerfung anbieten, entlässt er unter Begleitung des Atrebaten Commius in ihre Heimat. Commius soll dafür sorgen, dass sich möglichst viele britannische Stämme freiwillig ergeben.

Noch während Caesar seine Überfahrt vorbereitet, erscheinen „aus einem großen Teil" des Gebiets der Moriner Gesandte, die sich unterwerfen. Caesar lässt sich Geiseln stellen und unterstellt die Moriner römischer Vorherrschaft. Mit zwei Legionen, 80 Lastschiffen und weiteren Kriegsschiffen sticht er in See. Weitere 18 Frachtschiffe sollen folgen.

Als er in Britannien ankommt, sieht er alle Anhöhen dort von feindlichen Truppen besetzt. Nach hitziger Schlacht kapitulieren die Britannier. Caesar „verschont" sie. Das Unternehmen scheint erfolgreich beendet zu sein, als sich wenige Tage darauf eine Springflut ereignet: Viele Schiffe werden zerstört, andere sind manövrierunfähig. Die Britannier versuchen nun, die Römer von der Getreidezufuhr abzuschneiden, und überfallen die 7. Legion, die zur Getreidebeschaffung ausgeschickt war. Caesar schickt Hilfe und bewahrt die Legion vor einer Katastrophe. Die Britannier ziehen sich zurück, erscheinen aber kurz darauf mit verstärkten Truppen vor dem römischen Lager, werden jedoch geschlagen. Nun fordert Caesar die doppelte Zahl Geiseln. Mit den inzwischen reparierten Schiffen, 12 von ihnen mussten aufgegeben werden, tritt Caesar seine Rückfahrt an.

Zwei seiner Schiffe werden verschlagen und landen etwas weiter südlich als die anderen. Eine anfangs kleine, später auf 6000 Mann angewachsene Schar von Morinern überfällt die Besatzung der beiden Schiffe. Als die römische Reiterei auftaucht, ergreifen sie jedoch die Flucht. Caesar lässt sie durch Labienus verfolgen und verwüstet ihr Gebiet. Danach legt er alle Legionen in Belgien ins Winterquartier.

54 v. Chr. = 5. Buch

Im Winter 55/54 lässt Caesar 600 Lastschiffe und 28 Kriegsschiffe bauen, die er 54 in Itius konzentriert, einem Hafen, der nur 30 Meilen von Britannien entfernt ist.

Inzwischen scheinen sich **die Treverer** empört zu haben. Sie waren nicht auf dem regelmäßigen Landtag erschienen und verweigern die Gefolgschaft. Caesar marschiert mit vier Legionen und 800 Reitern in ihr Gebiet. Bei seiner Ankunft versichert Cingetorix, einer der beiden Trevererfürsten, ihm seine Gefolgschaft. Indutiomarus hingegen, der zweite der Führer, lässt zum Krieg rüsten, lenkt aber ein, als er sieht, dass die meisten der Stämme sich der römerfreundlichen Politik des Cingetorix anschließen, und unterwirft sich.

Dann marschiert Caesar zum Hafen Itius, wo inzwischen 4000 Reiter aus ganz Gallien und fast alle Fürsten eingetroffen sind. Sie sollen ihn nach Britannien begleiten, denn Caesar befürchtet, dass die Gallier seine Abwesenheit zu einer allgemeinen Erhebung nützen könnten. Unter ihnen befindet sich auch **der Haeduer Dumnorix**, dessen Unzuverlässigkeit und Eigensinn Caesar schon im ersten Kriegsjahr kennen gelernt hatte. Zunächst verlegt sich Dumnorix aufs Bitten. Als er aber erkennen muss, dass Caesar an seinem Plan, ihn nach Britannien mitzunehmen, festhält, zettelt er unter den anderen Führern eine Verschwörung an, von der Caesar Wind bekommt. Als Dumnorix versucht, sich bei der Einschiffung mit der Reiterei abzusetzen, lässt er ihn verfolgen. Dumnorix stirbt mit den Worten: „Ich bin ein freier Mann und Bürger eines freien Staates."

Nach diesem Zwischenfall läuft Caesar **nach Britannien** aus. Drei Legionen und 2000 Reiter lässt er unter Labienus zurück. Er selbst landet mit fünf Legionen und ebenfalls 2000 Reitern in Britannien. Dort hatten sich die Feinde beim Anblick der insgesamt 800 Schiffe – zu den 600 neuen waren noch die aus dem Vorjahr und etliche Schiffe von Privatleuten dazugekommen – erst einmal versteckt. Sobald Caesar ihren Aufenthaltsort in Erfahrung gebracht hat, rückt er gegen sie vor und vertreibt sie aus den Wäldern. Da trifft die Botschaft ein, dass in der vergangenen Nacht ein Orkan fast alle Schiffe schwer beschädigt hat. Caesar kehrt sofort um. Der Schaden ist gewaltig, doch Caesar hofft, unter Aufgabe von etwa 40 Schiffen die übrigen wieder instand setzen zu können. Labienus wird damit beauftragt, möglichst viele Schiffe zu bauen. Vom Festland kommen Pioniere. Nachdem die Schiffe an Land gezogen und mit dem Lager zu einer Einheit verbunden sind, kehrt Caesar an den Ort zurück, wo er auf die Britannier gestoßen war.

Hier haben sich inzwischen unter der Führung des Fürsten Cassivellaunus größere Kontingente gesammelt. Es gelingt Caesar schließlich, sie in die Flucht zu schlagen. Cassivellaunus entlässt bis auf 4000 Wagenkämpfer seine Truppen und hindert die Römer an größeren Streifzügen. Die Trinovanten jedoch, einer der stärksten britannischen Stämme, unterwerfen sich. Als andere Stämme sehen, dass Caesar die Trinovanten „verschont", ergeben sich weitere von ihnen.

Caesar, der inzwischen erfahren hat, wo sich Cassivellaunus aufhält, greift ihn an und schlägt ihn in die Flucht. Cassivellaunus befiehlt nun, das römische Schiffslager anzugreifen. Doch der Versuch scheitert. Cassivellaunus unterwirft sich und muss die Unabhängigkeit der von ihm abgefallenen Trinovanten anerkennen. Außerdem setzt Caesar die Höhe des jährlich von den Britanniern zu zahlenden Tributs fest. Dann tritt er die Rückreise nach Gallien an.

Wegen einer landesweiten Missernte in Gallien entschließt sich Caesar, seine Legionen für den Winter auf mehr Völker als bisher zu verteilen. Eine Legion überwintert bei den Morinern, eine bei den Nerviern, eine bei den Esuviern, eine bei den Remern, drei bei den Belgern, eine bei den Eburonen. Bis auf eine liegen alle Legionen im Umkreis von rund 100 Meilen. **Die Winterlager** sind bezogen, als Caesar die Nachricht erhält, dass die Carnuten ihren König Tasgetius, den Caesar dort eingesetzt hatte, ermordet haben. Er lässt Truppen aus Belgien dort einmarschieren und befiehlt die Auslieferung der Königsmörder.

Zur gleichen Zeit greifen Eburonen, von dem Trevererfürsten Indutiomarus dazu angestiftet, die römische Legion an, die bei ihnen stationiert ist, werden aber zurückgeschlagen. Von dem Eburonenführer **Ambiorix** erfahren die Römer, dass dieser Angriff im Zusammenhang mit einer für diesen Tag geplanten Großoffensive auf alle in Gallien stationierten Winterlager stehe. Auch sei eine große Zahl Germanen im Anmarsch, um sie zu unterstützen. Er gebe den Römern den guten Rat, das Lager zu verlegen. Er selbst wolle ihnen sicheres Geleit durch sein Land geben. Im römischen Kriegsrat sind die Meinungen geteilt.

Cotta, einer der Kommandanten, hält es für sinnvoll, das Winterlager, das ihnen jeden erdenklichen Schutz biete, nicht aufzugeben. Titurius aber, der zweite Kommandant, rät zu einer schnellen Verlegung des Lagers und setzt sich damit durch.

Schon am nächsten Tag brechen sie auf und geraten alsbald in einen Hinterhalt. Der Kampf dauert vom Morgengrauen bis zur achten Stunde und bringt die Römer in schwere Bedrängnis. Unter dem Eindruck dieser Entwicklung nimmt Titurius Verhandlungen mit Ambiorix auf. Als er zu ihm kommt und die Waffen ablegt, lässt ihn Ambiorix töten. Nun entbrennt der Kampf erneut und dauert bis tief in die Nacht. Ohne Hoffnung auf Rettung begehen die meisten römischen Soldaten schließlich Selbstmord. Nur wenige entkommen in das Lager des Labienus und melden den Untergang der 15 Kohorten.

Ambiorix wiegelt nun die Atuatuker und Nervier auf, sich die einmalige Gelegenheit, die römische Vorherrschaft abzuschütteln, nicht entgehen zu lassen. Gemeinsam greifen sie **das Lager Ciceros** an, dessen Legion bei den Nerviern in einem noch nicht ganz fertig gestellten Winterquartier liegt. Die Lage der Römer wird bedenklich. Nur mit äußerster Anstrengung kann man sich verteidigen. Dennoch lehnt Cicero das Angebot einiger Nervierfürsten, das Winterlager aufzugeben und dafür freien Abzug zu erhalten, ab. Der Kampf wird immer bedrohlicher, zumal die Nervier, darin von Kriegsgefangenen unterwiesen, mit einer Belagerung nach römischem Vorbild beginnen.

Alle Boten, die Cicero ausschickt, um Caesar zu informieren, werden abgefangen. Erst ein gallischer Sklave, den Vertico, ein römertreuer Nervierfürst, ausgesucht hatte, kommt durch. In Eilmärschen rückt Caesar nun mit zwei Legionen in das Gebiet der Nervier ein. Die feindlichen Truppen wenden sich daraufhin vom Lager Ciceros ab und marschieren mit 60.000 Mann gegen Caesar, der sie durch einen Überraschungsangriff schlägt. Wegen des sumpfigen Waldgeländes nimmt Caesar von einer Verfolgung jedoch Abstand. Auf die Nachricht vom Sieg der römischen Truppen zieht sich auch Indutiomarus, der einen Angriff auf das Lager des Labienus plante, mit seinen Truppen fluchtartig in das Gebiet der Treverer zurück.

Trotz dieser Erfolge erreichen Caesar laufend Nachrichten über weitere „Verschwörungen". Er beruft deshalb die Fürsten einzeln zu sich und ermahnt sie zum Gehorsam. Dennoch versuchen die Senonen, den von Caesar eingesetzten König Cavarinus zu ermorden. Der entgeht dem Attentat durch Flucht. Caesar befiehlt den Senat der Senonen zu sich, doch der verweigert sich. Caesar muss feststellen, dass außer den Haeduern und Remern kein Stamm mehr unverdächtig ist.

Die Treverer unter Indutiomarus nutzen den Winter, um Verbündete bei den Germanen zu finden. Diese aber lehnen unter Hinweis auf ihre mehrfachen Niederlagen ab. Es gelingt Indutiomarus jedoch, bei anderen Stämmen Unterstützung zu finden. So schließen sich ihm neben den Eburonen unter Ambiorix auch die Senonen, Carnuten, Nervier und Atuatuker an. Auf einem Landtag erklärt Indutiomarus seinen Schwiegersohn Cingetorix, Führer der anderen Partei der Treverer und Römerfreund, zum Staatsfeind. Dann rüstet er zum Angriff auf das Lager des Labienus bei den Remern. Labienus lässt von den Nachbarstämmen Reiter kommen, hält sich aber im Lager bedeckt. Indutiomarus deutet das als Zeichen von Furcht und wird unvorsichtig. Ein plötzlicher Ausbruch der römischen Reiterei führt deshalb zur Flucht der Feinde. Indutiomarus selbst wird in der Furt eines Flusses eingeholt und getötet. Daraufhin ziehen die Truppen der Eburonen und Nervier ab.

53 v. Chr. = 6. Buch

Nach den Ereignissen des vergangenen Jahres und den Nachrichten, die ihn über die Verschwörung der Gallier im Winter erreichen, befürchtet Caesar eine größere Erhebung. Er lässt sich vom Proconsul Cn. Pompeius drei neue Legionen geben, die ihn noch vor dem Ende des Winters erreichen. Die Zahl der unter Titurius verlorenen Kohorten lässt er verdoppeln. Damit verfügt er über insgesamt zehn Legionen.

Inzwischen haben sich die Treverer mit den Eburonen verbündet. Überall rüstet man zum Krieg, so die Nervier, Atuatuker, Menapier, dazu kommen die linksrheinischen Germanen. Die Senonen verweigern Caesar die Gefolgschaft und machen gemeinsame Sache mit den Carnuten, die Treverer wiegeln Germanen auf. Caesar marschiert daraufhin noch vor dem Ende des Winters mit vier Legionen in das Gebiet der Nervier, verwüstet ihr Land und unterwirft sie. Dann führt er die Truppen wieder zurück ins Winterlager. Der regelmäßige **Landtag**, zu dem Caesar die Führer Galliens im Frühling lädt, offenbart, dass Senonen, Carnuten und Treverer ihm die Gefolgschaft verweigern. Caesar marschiert in das Gebiet der Senonen ein und überrascht sie. Die Senonen ergeben sich und werden auf Bitten der Haeduer „geschont". Auch die Carnuten schicken Geiseln. Für sie setzen sich die Remer ein.

Anschließend wirft sich Caesar mit aller Kraft auf den **Krieg gegen die Treverer und Eburonen unter Ambiorix**. Überzeugt, Ambiorix werde sich keinem Kampf stellen, versucht Caesar, ihm die Unterstützung der Menapier und verbündeter Germanen zu entziehen. Er marschiert mit fünf Legionen bei den Menapiern ein, die sich in die Wälder und Sümpfe des Landes flüchten. Als Caesar die Dörfer anzünden lässt und eine große Menge Vieh in seine Hand bekommt, kapitulieren die Menapier. Caesar „schont" sie, droht ihnen aber damit, sie wie Feinde zu behandeln, falls sie Ambiorix oder seine Gesandten bei sich aufnähmen. Dann rückt er gegen die Treverer vor, die große Verbände ausgehoben haben und sich zum Angriff auf das Lager des Labienus rüsten. Durch ein Täuschungsmanöver gelingt es Labienus, die Truppen der Treverer zu schlagen. Auf die Kunde hiervon ziehen sich auch die Germanen zurück, die im Anmarsch waren. Mit ihnen fliehen auch die Verwandten des Indutiomarus, die die Empörung angestiftet hatten. Als neuen Führer der Treverer setzt Caesar den römerfreundlichen Cingetorix ein.

Um germanische Stämme von einer weiteren Unterstützung der Gallier abzuschrecken und aus Furcht, Ambiorix könnte dort Unterschlupf finden, beschließt Caesar, ein zweites Mal **den Rhein zu überqueren**. Das Werk ist in wenigen Tagen fertig, und Caesar marschiert in das Gebiet der Ubier, die er verdächtigt, die Treverer unterstützt zu haben. Die Ubier, die bereits im Jahre 55 Caesar Geiseln gestellt hatten, versichern ihre Unschuld. Als Caesar erfährt, dass die Unterstützung von den Sueben gekommen war, sendet er Kundschafter in ihr Gebiet, die ihm bald darauf melden, dass sich die Sueben an die östlichste Grenze ihres Gebietes zum Bakenischen (wohl: Thüringer) Wald zurückgezogen haben.

Caesar kehrt daraufhin nach Gallien zurück und marschiert gegen die Eburonen. Basilus schickt er mit der gesamten Reiterei voraus. Ambiorix wird überrascht und verliert sein ganzes Kriegsgerät, Wagen und Pferde, kann sich selbst aber retten. Er gibt die Weisung aus, dass jeder nun allein auf sich gestellt sei. Das Volk flieht, teils in den Ardennenwald, teils in die Sümpfe, teils auf Inseln. Catuvolcus, ein Fürst der Eburonen, nimmt Gift.

Caesar lässt nun den Tross des gesamten Heeres nach **Atuatuka** schaffen, wo er die 14. Legion unter Ciceros Kommando zurücklässt. Die restlichen neun Legionen teilt er auf. Labienus erhält den Auftrag, mit drei Legionen in die Grenzgebiete der Menapier zu marschieren, C. Trebonius soll mit ebenfalls drei Legionen das Gebiet der Atuatuker verwüsten. Caesar selbst marschiert in die Ausläufer der Ardennen, wohin sich Ambiorix geflüchtet haben soll. Alle Truppen sollen nach sieben Tagen wieder nach Atuatuka zurückkehren.

Aus Angst, die überall verstreuten Eburonen könnten einen Partisanenkampf beginnen, lässt Caesar ihr Gebiet nicht von den römischen

Legionären, sondern von den Nachbarvölkern plündern, die dieses Angebot freudig ergreifen. Auch die germanischen Sugambrer bieten 2000 Reiter auf, um sich an der allgemeinen Plünderung zu beteiligen. Als sie erfahren, dass Caesar und das ganze Heer abmarschiert seien, greifen sie überraschend Atuatuka an, stiften dort große Verwirrung, werden schließlich aber abgewiesen und machen sich mit ihrer Beute wieder auf den Heimweg.

Caesar verwüstet erneut das Gebiet der Eburonen und führt dann das Heer nach Durocortorum im Gebiet der Remer. Dort beruft er einen Landtag ein, um eine Untersuchung über den Aufstand der Carnuten und Eburonen vorzunehmen. Er **verurteilt Acco**, den Anstifter der Empörung, und lässt ihn hinrichten. Dann stationiert er zwei Legionen an den Grenzen der Treverer, zwei bei den Lingonen, die restlichen sechs in Agedincum bei den Senonen.

52 v. Chr. = 7. Buch

In Rom wird der Bandenführer Clodius, der die Stadt über Jahre mit Straßenkämpfen in Atem gehalten hat, getötet. Der Senat beschließt, dass alle Waffenfähigen einberufen werden sollen. Pompeius wird zum *consul sine collega* bestellt und soll die Ordnung wiederherstellen.

Die Gallier erhalten Kenntnis von diesen Vorgängen und glauben, Caesar, der sich derzeit in Oberitalien befindet, sei dadurch verhindert, nach Gallien zu kommen. Sie halten die Gelegenheit für günstig und planen eine **allgemeine Erhebung**. Dennoch ist die Angst jedes einzelnen Führers groß, der erste in dieser Empörung zu sein. Zu deutlich steht ihnen das Schicksal Accos vor Augen.

Nur die Carnuten sind unerschrocken genug, sich als Speerspitze gegen Caesar anzubieten. Sie überfallen eine römische Handelsniederlassung in Cenabum, plündern und morden. In wenigen Stunden dringt die Kunde hiervon nach Gergovia zu den Arvernern, wo Vercingetorix seine Anhänger unverzüglich zu den Waffen ruft. Doch Gobannitio, sein Onkel, und andere Führer der Arverner wollen das Schicksal nicht herausfordern und weisen Vercingetorix aus der Stadt.

Vercingetorix sammelt daraufhin – nach Caesar – allerlei armes Volk und Kriminelle um sich und sucht andere seines Stammes zu gewinnen. Schließlich gelingt es ihm, die Führung an sich zu reißen und seine Widersacher in Gergovia aus der Stadt zu jagen. Zahlreiche Stämme schließen sich ihm an. Vercingetorix marschiert zu den Biturigen. Die wenden sich an die Haeduer mit der Bitte um Beistand. Als die zu Hilfe geschickten Truppen der Haeduer aber nicht wagen, die Loire zu überschreiten, weil sie den Biturigen angeblich nicht trauen, verbünden sich die Biturigen augenblicklich mit den Arvernern.

Als die aufständischen Gallier einen Vorstoß sogar in die Provincia Narbonensis unternehmen, **eilt Caesar nach Narbo** und stationiert dort Truppen. Weitere Truppen werden aus Italien herangeführt und bei den Helviern stationiert, wohin auch Caesar eilt. Noch ist Winter und es liegt meterhoher Schnee. Als Caesar trotzdem im Grenzland der Arverner auftaucht, ist der Schrecken groß. Vercingetorix, der sich noch bei den Biturigen aufhält, marschiert sofort zurück zu den Arvernern, Caesar aber eilt nach Vienna, wo Reiterei liegt, und zu den Lingonen, wo zwei Legionen stationiert sind. Dann lässt er alle anderen Truppen sich an einem Ort sammeln.

Vercingetorix marschiert in das Gebiet der Biturigen zurück und von dort nach Gorgobina zu den Boiern. Er rüstet zum Sturm. Caesar wendet sich nach Südwesten und erobert innerhalb weniger Tage die Senonenstadt Vellaunodunum sowie Cenabum im Gebiet der Carnuten. Kurz darauf erscheint er im Gebiet der Biturigen und leitet die Belagerung von Noviodunum ein. Die Stadt hat sich schon ergeben, als plötzlich die Reiterei des Vercingetorix auftaucht. In der Hoffnung auf Entsatz schlägt die Stimmung um. Die Römer müssen die Stadt verlassen, können aber – mit Hilfe von 400 germanischen Reitern – die feindliche Reiterei schlagen. Noviodunum ergibt sich.

Von den zahlreichen und schnellen Siegen Caesars beeindruckt, ändert Vercingetorix seine Strategie und schlägt eine Politik der verbrannten Erde vor. Dadurch soll Caesar, der sich ja aus dem Land ernährt, in dem er Krieg führt, in Versorgungsschwierigkeiten gebracht und so zur Aufgabe gezwungen werden. Zwanzig Städte der Biturigen gehen an einem einzigen Tag in Flammen auf, nur eine wird auf Bitten der Biturigen verschont: **Avaricum**.

Augenblicklich wendet sich Caesar dorthin und bereitet die Belagerung der Stadt vor. Doch die Versorgung des Heeres gestaltet sich schwierig. Haeduer und Boier, die Caesar mit Getreide unterstützen sollten, kommen ihren Pflichten nur schleppend nach, und Vercingetorix gelingt es, die römischen Abteilungen, die zum Futterholen ausgeschickt werden, empfindlich zu stören. Mehrere Tage ist das Heer ganz ohne Brot und muss sich von Fleisch ernähren, was als Mangelnahrung galt. Caesar bietet daraufhin den Soldaten an, die Belagerung aufzugeben, was die aber stolz ablehnen. Vercingetorix rückt näher an die Stadt heran, doch Caesar vermeidet angesichts der ungünstigen Lage des Ortes einen Kampf.

Vercingetorix, dem seinerseits das Futter für die Tiere ausgegangen ist, sieht sich zur Rückkehr nach Gergovia gezwungen. Dort aber beschuldigt man ihn des Hochverrats. Vercingetorix rechtfertigt sich und gewinnt das Vertrauen zurück. Eine Elitemannschaft von 10.000 Soldaten soll nun der Stadt Avaricum zu Hilfe geschickt werden.

Hier haben die Römer innerhalb von 25 Tagen einen riesigen Belagerungsdamm errichtet, obwohl Kälte und Regen ihnen hart zusetzen. Als die Stadtbewohner, die sich heftig zur Wehr setzen, sehen, dass all ihre Versuche gescheitert sind, beschließen sie zu fliehen – ohne ihre Kinder und Frauen. Doch die Frauen vereiteln die Flucht. Kurz darauf nimmt Caesar die Stadt und gelangt in den Besitz großer Vorräte. Von den 40.000 Menschen in dieser Stadt entkommen nur 800, die sich zu Vercingetorix ins Lager retten können. Vercingetorix aber gibt nicht auf: Er ermutigt seine Leute und plant, weitere Völkerschaften für den Krieg gegen Caesar zu mobilisieren. Tatsächlich gelingt es ihm, die bei Avaricum erlittenen Verluste in seiner Streitmacht wieder aufzufüllen.

Caesar plant gerade, gegen den Feind zu marschieren, als ihn eine Gesandtschaft der **Haeduer** erreicht. Bei ihnen sei es zu einem Machtkampf gekommen und es drohe ein Bürgerkrieg. Caesar solle den Streit beenden. Aus Besorgnis, eine römerfeindliche Partei könnte sich mit Vercingetorix verbünden, eilt Caesar zu ihnen und setzt Convictolitavis als Herrscher ein, eine Fehlentscheidung, wie sich später herausstellen sollte. Er fordert die Haeduer auf, ihm zur Sicherung der Versorgungswege die gesamte Reiterei und 10.000 Fußsoldaten zur Verfügung zu stellen. Dann lässt er zwei Legionen unter Labienus in das Gebiet der Senonen und Parisier gehen, während er selbst mit sechs Legionen nach **Gergovia** vorrückt.

Vercingetorix lässt daraufhin alle Brücken am Allier abbrechen. Schließlich gelingt es Caesar, auf den Resten einer solchen Brücke eine neue zu errichten und den Fluss zu überschreiten. Er erreicht Gergovia. Die Stadt aber, auf einem gewaltigen Hochplateau gelegen, ist uneinnehmbar. Caesar entschließt sich daher zu einer Blockade.

Inzwischen hat Convictolitavis, von den Arvernern mit Geld bestochen, eine **Verschwörung** angezettelt. Litaviccus, einer der Verschwörer, wird zum Befehlshaber der 10.000 Mann bestellt, die die Haeduer zu Caesar schicken sollten. Auf dem Marsch nach Gergovia verbreitet er das Gerücht, Eporedorix und Viridomarus, zwei vornehme Haeduer, seien von Caesar des Verrats beschuldigt und ohne Verhör hingerichtet worden. Auch sei die gesamte Reiterei der Haeduer von den Römern niedergemetzelt worden, weil sie angeblich mit den Arvernern verhandelt hätten. Er lässt Boten das Gerücht verbreiten und ruft zur Rache auf.

Caesar erfährt die Vorgänge von Eporedorix, der mit der Reiterei inzwischen unversehrt bei ihm eingetroffen ist. Über die Nachricht äußerst beunruhigt, führt Caesar vier Legionen und die Reiterei aus dem Lager und marschiert den Truppen des Litaviccus entgegen. Als sich die tot geglaubten Fürsten zeigen, fliegt der Betrug auf. Die 10.000 Soldaten ergeben sich. Litaviccus flieht mit seinen Lehnsleuten zu Vercingetorix.

Bei den Haeduern hat sich die Nachricht vom angeblichen Tod der beiden Fürsten inzwischen verbreitet. Daraufhin werden die römischen Bürger dort ermordet, ihr Hab und Gut geplündert. Als die Haeduer erfahren, dass sich ihre Truppen wohlbehalten bei Caesar befinden, suchen sie sich zu entschuldigen. Caesar setzt alles daran, einen Abfall der Haeduer zu verhindern, und verspricht ihnen Schonung, obwohl er weiß, dass die Haeduer – aus Angst vor Strafe und in Sorge, das Erbeutete zu verlieren – Kriegspläne schmieden und die übrigen Stämme aufwiegeln. Er sieht sich daher gezwungen, seine Truppen von Gergovia abzuziehen, will aber zuvor noch die Gelegenheit zu einem Handstreich nutzen und einen strategisch wichtigen Punkt erobern. Das gelingt ihm zwar, doch auf dem Rückzug kommt es zu einem folgenreichen Zwischenfall, bei dem die Römer 700 Mann, darunter 46 Zenturionen, verlieren. In den nächsten Tagen baut Caesar seine Soldaten durch mehrere glückliche Reiterkämpfe moralisch wieder auf und marschiert anschließend in das Gebiet der Haeduer.

Doch deren Abfall ist nicht mehr aufzuhalten. Litaviccus findet in Bibracte Aufnahme, und auch Convictolitavis sowie ein großer Teil des Senats finden sich bei ihm ein. Daraufhin nehmen Eporedorix und Viridomarus die Gelegenheit wahr, in **Noviodunum Suessionum**, wohin Caesar einen großen Teil des Trosses, alle Geiseln und die Kriegskasse hatte schaffen lassen, die römischen Posten und Kaufleute zu überfallen. Die Stadt selbst geht in Flammen auf. In dieser Situation wird Caesar offensichtlich von einigen Leuten, die er nicht nennt, der Vorschlag gemacht, er solle angesichts der Krise nach Oberitalien ausweichen. Doch Caesar überschreitet stattdessen die Loire und eilt in das Gebiet der Senonen. Labienus bricht seinerseits mit vier Legionen nach Lutecia auf, das er jedoch nicht nehmen kann, und wendet sich nun nach Metiosedum (südl. Lutecia). Er erbeutet dort etwa 50 Schiffe und besetzt die Stadt. Daraufhin brennen die Bewohner von Lutecia ihre Stadt nieder und beziehen Stellung gegenüber dem Lager des Labienus.

Inzwischen verbreiten sich in Gallien allerlei Gerüchte; u. a. heißt es, Caesar sei in Versorgungsschwierigkeiten geraten und nach Oberitalien marschiert. Die Bellovaker, auch durch den Abfall der Haeduer bewogen, rüsten daraufhin zum Krieg. Labienus muss nun befürchten, von allen Seiten angegriffen zu werden. Durch eine List gelingt es ihm, seine Truppen über die Seine zu setzen, die gegen ihn in Marsch gesetzten feindlichen Truppen zu schlagen und sich nach Agedincum zurückzuziehen. Von dort aus stößt er zu Caesar.

Nach dem Abfall der Haeduer nimmt der Aufstand immer größere Ausmaße an. „Was sie durch Einfluss, Ansehen und Geld vermochten, setzten sie ein, die anderen Stämme aufzuwiegeln." (b. G. 7,63,2) Galliern, die noch zögern, sich der Erhebung anzuschließen, drohen sie den Tod an und erpressen sie mit den Geiseln, die ihnen in Noviodunum in die Hände gefallen waren. Angesichts ihrer Bedeutung im Kampf gegen Caesar verlangen die Haeduer nun das Oberkommando im Krieg. Auf dem Landtag, der darüber entscheiden soll, fehlen nur die Remer, Lingonen und Treverer. Zur Enttäuschung der Haeduer wird jedoch **Vercingetorix als gemeinsamer Führer** bestätigt.

Vercingetorix befiehlt nun die Stellung von 15.000 Reitern, mit denen er seine Strategie, die Römer an der Versorgung zu hindern, fortsetzen will. Einem Bruder von Eporedorix übergibt er das Kommando über 10.000 Fußsoldaten und 800 Reitern; er soll mit ihnen u. a. die Allobroger überfallen. Gleichzeitig sucht Vercingetorix jedoch die Allobroger aufzuwiegeln und ihre Fürsten mit Geld zu bestechen. Auch verspricht er ihnen im Fall eines Sieges die Herrschaft über die Provincia Narbonensis. Die Allobroger aber bleiben Rom treu und wissen ihre Grenzen zu sichern.

Zur Verstärkung seiner Reiterei lässt Caesar aus rechtsrheinischem Gebiet Reiter kommen. Inzwischen ist auch die Streitmacht der verbündeten Kelten komplett, und es beginnt ein heftiger Kampf. Vercingetorix wird geschlagen und zieht sich nach **Alesia** zurück, einer Stadt der Mandubier, die Caesar sogleich zu belagern beginnt. Er schließt die Stadt, die wegen ihrer Lage nicht erstürmt werden kann, durch einen 10 Meilen langen Wall ein, der einen Ausbruch aus der Stadt verhindern soll. Während die Schanzen angelegt werden, entwickelt sich ein Reitergefecht, in dem Caesar mit großem Erfolg Germanen einsetzt.

Vercingetorix entlässt nun alle seine Reiter mit der Weisung, jeder solle seinen Stamm aufsuchen, um eine Aushebung aller waffenfähigen Männer zu veranlassen. Andernfalls würden 80.000 Soldaten mit ihm umkommen. Alle Soldaten, die vor Alesia liegen, werden in die Stadt verlegt.

Caesar vervielfacht daraufhin seine Abwehrmaßnahmen und baut u. a. einen zweiten, äußeren Wall, der eine Entsetzung der Stadt durch herbeigeführte Truppen verhindern soll.

Inzwischen legen die Stammesfürsten fest, wie viele Soldaten jeder von ihnen zu stellen hat. Die Einberufung aller Waffenfähigen, wie Vercingetorix es angeordnet hatte, erscheint ihnen zu riskant. Trotzdem wird die gewaltige Zahl von 250.000 Fußsoldaten und 8.000 Reitern aufgeboten. In der Zwischenzeit aber sind in Alesia die Vorräte aufgebraucht. Der Kriegsrat beschließt nach hitziger Debatte, sich der Bewohner Alesias zu entledigen. Die irren nun zwischen Stadt und Lager umher und haben auch von Caesar keine Hilfe zu erwarten. Kurz darauf trifft die gesamte gallische Streitmacht ein, die sich siegessicher weiß. Es entspinnt sich ein Reiterkampf, der von beiden Seiten mit großer Entschlossenheit geführt wird und von Mittag an bis fast zum Sonnenuntergang dauert, ohne dass sich eine Entscheidung abzeichnet. Da setzt Caesar erneut die germanischen Reiter ein. Der Feind wird in die Flucht geschlagen, die nachfolgenden römischen Truppen kesseln die Bogenschützen ein und machen sie nieder.

Nach einem Tag Unterbrechung unternehmen die gegnerischen Truppen einen erneuten Versuch, die römischen Schanzen zu berennen, der aber dank der umfangreichen Abwehrmaßnahmen, die Caesar für einen solchen Fall hatte treffen lassen, scheitert. Zweimal zurückgeschlagen, halten sie Kriegsrat und stellen eine Elitetruppe von 60.000 Soldaten zusammen, die gegen Mittag versuchen soll, die römischen Linien zu durchbrechen. Gleichzeitig versucht Vercingetorix, den inneren Belagerungsring zu nehmen. Es entwickelt sich ein überaus wechselvolles Kampfgeschehen, das schließlich – dank der Reiterei – mit einem vollständigen Sieg der Römer endet.

74 militärische Feldzeichen fallen Caesar in die Hände. Bis auf wenige Reste ist der Feind vernichtet. **Vercingetorix kapituliert** und liefert sich Caesar persönlich aus. Von den Kriegsgefangenen erhält jeder Soldat einen zur Beute. Die Gefangenen der Haeduer und Arverner jedoch gibt Caesar ihren Stämmen zurück in der Hoffnung, sie durch diese Milde für sich gewinnen zu können. Anschließend marschiert Caesar in das Gebiet der Haeduer und „nimmt sie wieder in seinen Schutz". Die Arverner unterwerfen sich.

Die Legionen verteilt Caesar nun über ganz Gallien: Zwei werden bei den Sequanern stationiert, zwei bei den Remern, eine bei den Ambivaritern, eine bei den Biturigen, eine bei den Rutenern. Cicero liegt im Gebiet der Haeduer, Caesar selbst in Bibracte.

Mit dem Hinweis, dass der Senat wegen der Niederschlagung der Gallier ein zwanzigtägiges Dankfest angeordnet habe, bricht Caesar seinen Bericht ab. Das 8. Buch, das mit der Unterwerfung der Bellovaker das Ende des Gallischen Krieges schildert, stammt aus der Feder seines Freundes Hirtius.

Die Niederlage bei Alesia bedeutete das Ende des Aufstands in Gallien und darüber hinaus letztlich auch das Ausscheiden der Kelten und ihrer Kultur aus der Weltgeschichte.

Mit der Eroberung Galliens wuchs Rom nicht nur flächenmäßig, sondern gewann eine den Italikern nahe verwandte und hochkultivierte Bevölkerung hinzu, die rund 100 Jahre später schon völlig romanisiert sein sollte. Caesar selbst hatte sich mit dem Sieg über die Gallier eine militärische und politische Machtbasis geschaffen, die ihm den Weg zur Alleinherrschaft ebnen sollte. Die politischen und kulturellen Folgen dieser Eroberung aber wirken noch bis in unsere Zeit. (Siehe auch H: Gallien in der Zeit nach Caesar.)

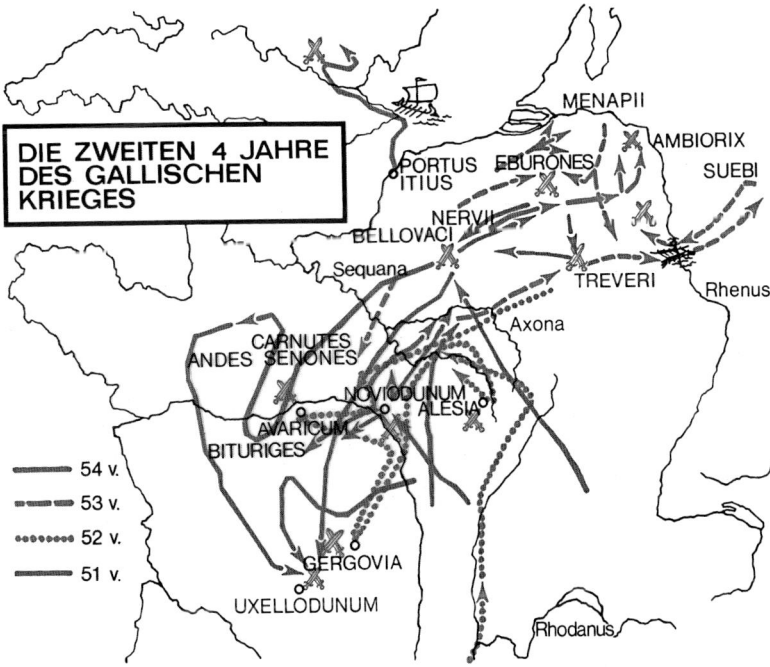

Abb. 5: Die zweiten vier Jahre des Gallischen Krieges (54 bis 51) (aus: W. Müller, Realienkunde zu Caesar – s. Lit. 2 –, Foliensatz 18)

H Gallien in der Zeit nach Caesar

Die Zeit nach Caesar ist gekennzeichnet durch eine rasche Romanisierung ganz Galliens und der unter römischer Herrschaft stehenden Teile Germaniens.

Nach der militärischen Eroberung galt es, das große und reiche Land enger an das Imperium anzubinden. Diesem Ziel diente vor allem die Erschließung des Landes durch **Fernstraßen**, die vom Militär gebaut wurden. Der Straßenbau begann mit der *via Domitia* in der Gallia Narbonensis und wurde durch Agrippa fortgesetzt; er konzipierte das Straßensystem für Gallia ulterior, das bald so dicht sein sollte wie in anderen Teilen des Imperiums.

Darüber hinaus entwickelte der Kaiser Augustus das Land, indem er eine planmäßige **Urbanisierung** betrieb: Bereits bestehende Kolonien wurden ausgebaut, neue gegründet. Und wie überall im Reich sollten auch die Städte Galliens ein wenn auch entferntes Abbild Roms sein, und so finden sich in den Städten Foren und Tempel, Märkte, Thermen, Theater und Circus, zahlreiche öffentliche Brunnen zur Versorgung der Stadt mit Trinkwasser, das oft von weit her (z. B. Köln, 100 km) über Aquädukte (z. B. Pont du Gard) herangeführt und durch ein umfangreiches Kanalisationsnetz wieder entsorgt werden musste.

Typisch für die neu gegründeten Städte wie etwa Köln oder Xanten ist die schachbrettartige Anlage der Straßen, zwischen denen sich die *insulae* mit ihren *domus* und mehrstöckigen Reihenhäusern, den Werkstätten, Läden, Schankwirtschaften, Garküchen und öffentlichen Latrinen befanden. Technisch entscheidenden Anteil an dieser Entwicklung hatte die Einführung des Mörtels, der die unverbundene Bauweise früherer Zeiten und die Holzbauweise der Kelten ablöste. Monumente dieser römischen Stadtkultur sind in Amphitheatern (Arles, Bordeaux oder Nîmes), szenischen Theatern (Orange, Arles, Vienne oder Autun und Lyon) sowie in Tempeln, Stadttoren (u. a. Porta Nigra in Trier) und Ehrenbögen bis heute erhalten.

Auf den neu entstandenen Straßen, die das Land nicht nur militärisch erschlossen, entwickelte sich alsbald ein reger **Handelsverkehr** im Land und über das Land hinaus, eine wichtige Neuerung, denn zuvor war man fast ausschließlich auf die Schifffahrt angewiesen. Römische Lebensweise weckte überall Nachfrage nach neuen Gütern; römische

Technik, die mit den *fabri* der römischen Legionen ins Land kam, verfeinerte vorhandene oder schuf neue Handwerkskunst.

Die Gelehrigkeit der Kelten auf praktischem Gebiet, die schon Caesar (b. G. 5,42 und 7,22) hervorhebt, und das Bedürfnis nicht nur der keltischen Oberschicht, sich römischer Lebensweise zu bemächtigen, beschleunigen diese Prozesse. Bald sind die Kelten in der Lage, zahlreiche Güter – darunter Töpferware *(terra sigillata)*, Textilien, Produkte aus Messing und Silber, Glas und Wein sowie tierische Erzeugnisse – in feinster Qualität nicht nur zum eigenen Gebrauch herzustellen, sondern auch zu exportieren. Der Import hingegen sinkt ständig: Seit dem 2. Jahrhundert n. Chr. gilt Gallien in Massenprodukten als nahezu autark.

Parallel zum wirtschaftlichen Aufschwung fand ein grundlegender **Wandel der Gesellschaft** statt. Zunächst übernahmen römische Militärs und Verwaltungsbeamte die Rolle der führenden Oberschicht und lösten damit den einheimischen Adel ab, dessen politische Rechte stark beschnitten wurden. Eine Militärherrschaft im engeren Sinne aber übten sie nur aus, bis es ihnen mit viel Geschick und Feingefühl gelungen war, den Adel für sich zu gewinnen und dessen Rolle als Oberschicht neu zu definieren.

Der gesellschaftliche Wandel betrifft aber nicht nur die ehemals führende Schicht, sondern umfasst die gesamte Gesellschaftsordnung. Viele, die bis dahin in Abhängigkeitsverhältnissen zum einheimischen Adel gestanden haben (vgl. dazu auch Caesar b. G. 6,13,1–2), erkennen ihre Chance und nutzen die Aufstiegsmöglichkeiten, die ihnen die neue Ordnung bietet. Das römische Bürgerrecht war begehrt, und manch einer hieß bald nicht mehr Segimer, sondern Flavus oder Romanus.

Dieser tiefgreifende Wandel der Gesellschaft manifestiert sich augenfällig **auch im privaten Bereich**. Wer als Händler oder Handwerker sein Glück gemacht hatte, dokumentierte nun seine neue gesellschaftliche Stellung durch aufwendige Privatbauten wie Villen, aber auch Grabmäler im römischen Stil. Auch die Innenausstattung der Häuser mit Mosaiken und Wandgemälden steht in nichts dem nach, was wir von anderen römischen Kleinstädten, etwa Pompeji oder Herculaneum, her kennen.

Sitten und Lebensgewohnheiten, Vorstellungen und Denkweisen, Moden und Vergnügungen gleichen immer mehr denen der Römer. Man kleidet sich römisch, liegt wie sie bei Tisch, wettet auf Rennpferde und Wagenlenker und zeigt sich fasziniert vom Schauspiel eines Gladiatorenkampfes, besucht die Thermen oder geht ins Theater.

Lateinische **Schrift und Sprache** werden allmählich übernommen. Die Elementarschulen, die hierbei sicher eine wichtige Rolle gespielt haben, vermittelten dem einfachen Volk zwar nur grundlegende Kulturtechniken wie Lesen, Schreiben, Rechnen, der quantitative und für die Gesellschaft als ganzes qualitative Fortschritt aber wird deutlich, wenn man sich erinnert, dass nach Caesars Darstellung bei den Kelten nur die Kinder der Aristokraten eine Ausbildung erhielten (siehe E 1: Die Ständegesellschaft). Dass auch die lateinische Literatur in Gallien Fuß fasste, wissen wir durch Plinius d. J., der in einem seiner Briefe eine Buchhandlung in Lugdunum bezeugt, die seine Werke führte.

Doch nicht nur in den Städten, **auch auf dem Land** breitet sich römische Kultur aus. Gartenwirtschaft und Obstanbau gelangen nun zu großer Blüte: So etwa werden überall in Gallien und selbst in Germania Inferior, dem früheren Gebiet der Menapier, Eburonen und Ubier, Weinrebe und Pfirsichbaum, Apfel, Pflaume und Süßkirsche heimisch. Hülsenfrüchte wie Bohnen, Erbsen oder Linsen sowie zahlreiche Salat- und Gewürzpflanzen, darunter Mangold und Kohl, Thymian, Dill und Koriander, halten Einzug. Der keltische Ard wird vom leistungsfähigeren römischen Pflug abgelöst. Eine gallo-römische Mähmaschine aus dem 1. nachchristlichen Jahrhundert hingegen bezeugt eigene Erfindungskraft.[10]

Auf dem Gebiet von **Religion und Kult** galt, wie überall im römischen Imperium, Freiheit des Glaubens: Jeder mochte anbeten, wen und was er wollte, vorausgesetzt, er erwies den römischen Staatsgottheiten und dem Kaiser die nötige Reverenz, was weniger auf einen religiösen Akt als auf cinen Erweis politischer Loyalität abzielte. Und so wurden in Gallien und dem unter römischer Herrschaft stehenden Germanien die einheimischen Götter ebenso verehrt wie die ja siegreichen griechisch-römischen Götter. Darüber hinaus führte die Affinität keltischer zu griechisch-römischen Göttern, auf die schon Caesar (b.G. 6,7) hinweist, zu einer teilweisen Verschmelzung religiöser Vorstellungen.

Neben der Verehrung einheimischer und griechisch-römischer Gottheiten finden sich auch – wohl durch römische Legionäre vermittelt – Mysterienkulte des Mithras, der Cybele oder Isis. Seit dem 2. Jahrhundert hält das Christentum Einzug.

---

(10) Wie tiefgreifend der Untergang der Antike alle Lebensbereiche traf, wird deutlich, wenn man bedenkt, dass ein gleichartiges Gerät erst wieder im 19. Jahrhundert entwickelt wurde, von dem sich unsere heutigen Mähmaschinen ableiten. (Abb. in: T. Bechert – s. Literaturverz. 2 –, Abb. 206, S. 167)

Für uns von besonderem Interesse ist die Entwicklung, die die heute deutschen **Städte, vor allem Trier, Xanten und Köln** genommen haben. Auch hier finden sich aus römischer Zeit – wie in Gallien – zahlreiche bedeutende Reste wie Kanalisation, Wasserleitung, Amphitheater, Thermen und Foren, deren Bau und Ausgestaltung viele neue Berufs- und Arbeitsmöglichkeiten schufen.

Die Techniken des Handwerks wurden unter römischem Einfluss entwickelt und laufend verbessert. Etwa drei Generationen, so nimmt die heutige Forschung an, hat es gedauert, bis die Produkte aus Niedergermanien sich auf dem heimischen Markt gegen gallische und italische Importware behaupten konnten. Zwar erreichten einige von ihnen auch später nicht die Qualität der Konkurrenz, sie konnten aber billiger angeboten werden, da die weiten und im Altertum sehr kostspieligen Transportwege entfielen.

Der ungeheure Wandel im Leben dieser Menschen wird deutlich, wenn man Caesars Ausführungen über die Lebensweise der Germanen im Allgemeinen (b. G. 6,21,3 – 22,1) und der germanischen Ubier (b. G. 4,3,3) im Besonderen mit der Anzahl von Berufen vergleicht, wie sie uns aus Inschriften in Köln bekannt ist. Dort werden genannt: Zimmerleute, Verputzer, Wandmaler, Händler mit Steinmetzarbeiten, Fliesenleger, Hersteller von Ziegeln und Kalkmörtel, Küchenjungen, Bäcker, Müller, Getreidehändler, Metzger, Wein- und Salzhändler, Salben- und Kosmetikhändler, Walker, Schuhmacher, Gladiatoren und ihre Ausbilder und viele andere mehr. Besonders hervorhebenswert auf diesem Gebiet ist die hohe Glaskunst Kölner Handwerker, die römische Technik übernehmen und virtuos zu handhaben wissen.

Die Gesellschaft wandelt sich so von einer rein bäuerlichen zu einer mehr städtisch orientierten Gesellschaftsform.

An der Rheingrenze herrscht bis zum Ende des 2. nachchristlichen Jahrhunderts Frieden, und die Wirtschaft kann sich kontinuierlich entwickeln, zumal Rom erst vier Jahrzehnte nach der Eroberung dort erstmals einen Provinzialzensus abhält. Großanleger investieren – die Gewinnspannen dieser ‚Gründerzeit' müssen beträchtlich gewesen sein –, und so fließt viel Geld ins Land. Das Entwicklungsland Germanien erlebt eine Zeit großen wirtschaftlichen Aufschwungs. Man kann, in bescheidenem Maße, sogar nach Britannien und in das freie Germanien exportieren. So wurde das linksrheinische Germanien für das freie Germanien zum Mittler römischer Kultur, die nun bis über den Rhein hin ausstrahlte.

I Die Art der Darstellung

1   Was sind commentarii?

Commentarii – abzuleiten von *comminisci*: sich ins Gedächtnis rufen – bedeutet Gedächtnisstütze. In der Antike wurde damit eine Gattung von Schrifttum bezeichnet, das den Charakter einer Notiz oder eines Protokolls hatte: Entwürfe für eine Rede, Aufzeichnungen des Lehrers für den Unterricht, Notizen der Schüler, Register und Protokolle in der Verwaltung, Amtsbücher der Magistrate usw. Die *commentarii* brachten den Inhalt ihrer Darstellung in Form lose aneinander gereihter Notizen und Bemerkungen zu Papier und hatten nicht wie die *historia* den Anspruch, ein geistig durchgeformtes Werk zu präsentieren. Der Stil der *commentarii* war deshalb auf das Sachliche konzentriert, ohne rhetorischen Schmuck, einfach und schlicht.

Wenn Caesars Darstellung den Titel *commentarii de bello Gallico* trägt, so muss man sich darüber klar sein, dass es sich hierbei um etwas anderes als die traditionellen *commentarii* handelt. Sein Stil bleibt zwar, wie Cicero (Brutus 262) urteilt, *nudus*: schmucklos, ist dabei aber *venustus*: angenehm zu lesen, eine Qualität, die Notizen und Protokollen naturgemäß abgeht. Auch gehen Caesars *commentarii* in der Art, wie das Geschehen dort intellektuell aufbereitet und verarbeitet wird, weit über das hinaus, was den Charakter einer Sammlung aneinander gereihter Notizen hat, sodass man seine *commentarii* als etwas bezeichnen kann, das zwischen den herkömmlichen *commentarii* und der kunstvollen *historia* steht.[11]

Die Kunstform der *historia* nicht angestrebt zu haben ist aber für Caesar kein Mangel, sondern ein Vorteil: Ist diese nämlich eher der künstlerischen Gestaltung als der Objektivität verpflichtet, so suggeriert ein als *commentarii* vorgelegtes Werk Sachlichkeit und Glaubwürdigkeit. Inwieweit das bloßer Gestus ist, bleibt im Einzelnen umstritten, da parallele Quellen fehlen.

Sicher ist, dass Caesars Darstellung politische Ziele verfolgt, denn er wollte seine Leser in Rom ja nicht über irgendeinen Krieg in einem

---

[11] Hirtius führt deshalb (b. G. 8, praef. 5) aus, dass Caesars commentarii, die ursprünglich den Historienschreibern Material an die Hand hätten geben sollen, in der Art, wie sie geschrieben seien, allen künftigen Bearbeitern den Mut zu einer eigenen Darstellung des Stoffs geraubt zu haben scheinen.

fremden Land informieren, sondern darstellen, warum er als verantwortlicher Feldherr in einer bestimmten Situation habe handeln müssen, wie er gehandelt hat, und dass er dies auch im Interesse Roms getan habe. Inwieweit die politische Absicht zu einer bewussten Fälschung und Verdrehung der Tatsachen geführt hat, bleibt deshalb strittig.

2   Auswahl der Fakten und Verknüpfung von Informationen, die Frage der Glaubwürdigkeit

Bei der Abfassung des „Bellum Gallicum" musste Caesar aus der Fülle der Daten und Fakten, die im Krieg mit den Galliern angefallen war, natürlich auswählen. Die Kriterien dieser Auswahl sind vor allem militärischer, daneben aber auch politischer Natur. Nur was unter diesem Aspekt relevant ist, wird auch dargestellt.

Doch Caesar spitzt diese Auswahl noch weiter zu und beschränkt sich in seiner Darstellung ganz auf das, was zum Verständnis der *jeweiligen* Situation nötig ist. So etwa wäre der Platz eines Lagers im Prinzip von militärischer Relevanz, doch er erwähnt diese Lage nur, wenn sie für das Verständnis der in Rede stehenden Vorgänge wichtig wird.

> Ein Beispiel ist b. G. 3,19,1, wo er schreibt: „Das Lager befand sich auf einem erhöhten Punkt, der über eine Strecke von etwa 1000 Doppelschritten allmählich von unten anstieg." Interessanterweise kommt Caesar nicht etwa schon beim Bau des Lagers darauf zu sprechen, sondern erst dann, als die Feinde in raschem Lauf die Anhöhe nehmen und völlig erschöpft dort oben ankommen.

Caesar verknüpft also die Informationen in einer Weise, die darauf gerichtet ist, das Verständnis der *gerade in Rede stehenden Ereignisse* zu optimieren. Dieses Prinzip führt auch dazu, dass wir bestimmte Fakten nicht gleich, sondern manchmal erst sehr viel später oder auch gar nicht erfahren.

> So teilt uns Caesar nach seinem Sieg über die Atrebaten im 2. Buch nicht mit, dass er ihre *civitas* unangetastet *(immunis)* gelassen und ihnen sogar die Moriner unterstellt hat. Erst viel später (b. G. 7,76,1) geht Caesar darauf ein und er tut das, um den Atrebaten, die sich inzwischen gegen ihn erhoben haben, Undankbarkeit vorzuwerfen.

Der Leser soll die Ereignisse also nicht bloß verstehen, sondern er soll sie auch so sehen und werten, wie Caesar das tut, und auch hier erhebt sich die Frage nach seiner Glaubwürdigkeit, ein Thema, das im Rahmen dieser Darstellung nicht vertieft werden kann. Ich will aber ein Beispiel geben, das vielleicht die Problematik etwas verdeutlicht:

Im zehnten Kapitel des ersten Buches rechtfertigt Caesar sein weiteres Vorgehen gegen die Helvetier damit, dass diese in das Gebiet der Santoner wandern wollen, einer Bürgerschaft, die, wie er ausführt, nicht weit entfernt ist von Tolosa, das in der Provincia Narbonensis liegt. Er mobilisiert damit die Maxime vom gefährlichen Nachbarn, gegen den einzuschreiten militärisch konsequent und notwendig ist.

Nun grenzen die Santoner aber keineswegs an das Gebiet der Gallia Narbonensis, und damit wäre auch das Argument vom gefährlichen Nachbarn ausgeräumt. Eine absichtliche Verfälschung? Eine bewusste Irreführung des Lesers? Betrachten wir den Fall einmal genauer: Die angesprochene Nähe zur *provincia* ist doch nicht nur eine Frage von Kilometern, sondern auch von der Frage abhängig, ob es auf dem Weg vom Gebiet der Santoner in die Provincia Narbonensis natürliche Grenzen gibt, etwa ein schwierig zu überwindendes Gebirge etc. Ein Blick auf die Landkarte zeigt aber, dass die Provincia Narbonensis tatsächlich vom Gebiet der Santoner durchaus leicht erreichbar ist.

Den Ausdruck *finitimos habere* muss man deshalb nicht zwangsläufig übersetzen mit „zu Grenznachbarn haben". Vielmehr scheint der Zusatz *locis patentibus maximeque frumentariis* gerade darauf hinzuweisen, dass es sich bei den Santonern zwar um entferntere Nachbarn handelt, die Helvetier sich angesichts fehlender natürlicher Hindernisse aber leicht dazu verleiten lassen könnten, durch das offene Gelände in Richtung auf die Provincia Narbonensis zu ziehen, zumal die Fruchtbarkeit der Gegend sie zu einem solchen Unternehmen geradezu auffordern muss.

Vorwerfen ließe sich Caesar hier allenfalls, dass er den Begriff Nachbar auch auf diejenigen anwendet, die zwar nicht in unmittelbarer Nachbarschaft, aber doch in leicht erreichbarer Nähe siedeln. Doch dieser Unterschied wird niemanden interessiert haben. Viel entscheidender ist, dass der römische Leser angesichts der Erfahrungen Roms mit den Kelten, auf die auch Caesar mehrfach anspielt, seine Gefahreneinschätzung durchaus teilt, und da spielt es keine große Rolle, ob sie nun wirklich Grenznachbarn sind oder in einem entfernteren Gebiet siedeln, das ihnen, die ja in den vergangenen Jahrzehnten ständig auf Wanderschaft waren, nichtsdestoweniger schnellen Zugang zur Provincia Narbonensis bietet.

Die Frage nach der Glaubwürdigkeit Caesars ist also oft nicht leicht zu beantworten. Das generelle – und richtige – Argument, dass Caesar im Interesse seiner Politik schreibt und die Darstellung daher tendenziös oder sogar propagandistisch sein könnte, darf nicht dazu verführen, ihm im Einzelfall von vornherein absichtliche Verdrehung oder Fälschung zu unterstellen. Gerade das Fehlen paralleler Quellen fordert zu besonderer Vorsicht bei der Beurteilung solcher Fragen auf.

3 Zahlenangaben bei Caesar

Die Zahlen, die Caesar angibt, betreffen vor allem militärisch Relevantes. So gibt er häufig die Entfernung zum Feind an oder die Länge des zurückgelegten Marsches, die Stärke der feindlichen Truppen oder auch gelegentlich die Zahl der Bevölkerung eines Stamms. Die Angaben sind regelmäßig von militärisch-politischer Bedeutung und wichtig für das Textverständnis.

Für anderes, dessen Kenntnis für uns heute oft relevant wäre, gibt Caesar keine Zahlen, ja oft nicht einmal Größenordnungen an. So spricht er z. B. nur von *legio* und sagt nicht, welche Ist-Stärke diese *legio* hat. Nirgends findet sich bei ihm eine Angabe über die exakte Größe des Lagers, auch die Maße des *agger* erfahren wir in der Regel nicht. Ebenso bleibt unklar, aus welcher Entfernung die *oppugnatio* vorbereitet wird, welche Höhe die Belagerungstürme haben oder wie schwer die Geschosse sind, die er gegen die Stadt schleudern lässt, und nur ganz selten nennt er die Zahl der Tage, die er für ein Schanzwerk benötigt hat.

Man kann wohl davon ausgehen, dass es sich in diesen Fällen jeweils um durchschnittliche Größenordnungen handelte, die zu erwähnen sich für Caesar erübrigt, da er ja für ein Publikum schreibt, das mit Dingen des Militärs gut vertraut ist. Nur was das Gewöhnliche in signifikanter und militärisch relevanter Weise über- oder unterschreitet, wird genannt. Eine Übertragung solcher Werte auf den Normalfall verbietet sich daher.

Viele Zahlen, die uns Caesar überliefert, kann er nicht selbst ermittelt, sondern muss sie von anderen erfahren haben, ohne dass er uns immer mitteilt, wer sein Gewährsmann oder was seine Quelle ist. So ist sein Hinweis auf das im Lager der Helvetier gefundene Archiv als Quelle für seine Kenntnis von der Bevölkerungszahl der Helvetier (b. G. 1,29) eher die Ausnahme. Es gilt das Prinzip: Was im Moment der Darstellung keine Relevanz hat, muss auch nicht dargestellt werden. Anders formuliert: Alles, was erwähnt wird, ist für das Darstellungsziel von Bedeutung und bedarf der Interpretation.

Dass Caesar bemüht war, sich gründlich zu informieren, ist bekannt. Dass einige seiner Gewährsleute glaubhaft sind, mögen die sehr exakten Zahlen über die Größe Britanniens belegen, die er b. G. 5,13,1–7 nennt. Stark bezweifelt werden in der Literatur vor allem Caesars Angaben etwa zur Anzahl der Usipeten und Tenkterer, die er (b. G. 4,15,3) mit 430.000 beziffert. Doch unsere Kenntnisse über die Germanen sind sehr ungenau und dürftig. Vieles über sie bleibt deshalb spekulativ. Es ist durchaus denkbar, dass Caesar im Einzelnen besser über bestimmte Verhältnisse, auch bei den Germanen, informiert war als wir heute. Ob seine Angaben deshalb korrekt sind, bleibt dahingestellt und lässt sich abschließend wohl nicht mehr klären, zumal parallele Quellen fehlen.

4 Feindbilder

Dem Leser die Gefahr zu verdeutlichen, die von bestimmten Personen oder ganzen Völkern ausgeht, zählt zu den zentralen Anliegen Caesars im „Bellum Gallicum". Nur so wird plausibel, warum und wie er römische Interessen – auch mit außergewöhnlichen Maßnahmen – wahren musste. Die Feindbilder Caesars stehen deshalb immer im Dienst einer Rechtfertigung seines politischen und militärischen Handelns.

Seine Technik Feindbilder zu zeichnen ist außerordentlich subtil und kann im Rahmen dieser Darstellung nur skizziert werden. Ein Beispiel findet sich gleich zu Beginn des Werks:

> B. G. 1,2,3 beschreibt Caesar die Geografie Helvetiens. Doch dieser Exkurs soll weniger über geografische Details informieren als vielmehr den Leser gleichsam wie von selbst zu der Einsicht führen, dass es sich bei den Helvetiern um ein gefährliches Volk handele: Von allen Seiten, so führt Caesar aus, seien die Helvetier eingeschlossen: einmal durch den Lauf des Rheins, dann durch das Juragebirge und schließlich durch den Genfer See und die Rhône. Deshalb, so fährt Caesar fort, könnten sie auch weniger weit umherschweifen und weniger leicht andere Völker bekriegen – das klingt plausibel, doch vor dem Hintergrund des geplanten Exodus (b.G. 1,2,1) verwandelt sich das zu der Aussage: Dieses Volk *will* umherschweifen und Krieg führen, und so sagt Caesar, wenn er die Helvetier abschließend (b. G. 1,2,4) *bellandi cupidi* nennt, dem Leser nur, was der schon selbst geschlussfolgert hat.

4.1 Galli mobiles

Weder militärisch noch politisch kann Caesar sich auf die Gallier verlassen und er wird nicht müde, diesen Wankelmut *(infirmitas)* als Risikofaktor zu beklagen, speziell b. G. 4,5, wo er sie mit den berühmten Worten „*(Galli) sunt in consiliis capiendis mobiles et novis plerumque rebus student*" charakterisiert.

Was Caesar hier aus der Sicht des römischen Feldherrn negativ als Wankelmut beschreibt, wurzelt – positiv gesehen – im Freiheitswillen der Gallier, die es nur schwer ertragen, bevormundet zu werden, und die römische Vorherrschaft ebenso ablehnen wie die des Germanen Ariovist. Doch spätestens seit Caesar die Helvetier besiegt und auch

Ariovist aus dem Land vertrieben hat, betrachtet er Rom als Schutzmacht der Gallier, denen er *fides* abverlangt, und jede Erhebung gegen sich als *coniuratio*. In den Augen der Gallier aber erscheint diese Vorherrschaft als demütigende Sklaverei[12], gegen die sie sich verzweifelt, aber letztlich erfolglos zur Wehr setzen.

Die *infirmitas Gallorum* wurzelt aber nicht nur im Freiheitsdrang der Gallier, sondern ist auch in den Besonderheiten ihrer Gesellschaft angelegt, die im Großen wie im Kleinen (b. G. 6,11,2) auf der Polarität zweier *factiones* beruht, einer Polarität, die sich zur Zeit Caesars naturgemäß an der Frage entzünden musste, wie man zu den Römern steht, und so gibt es in fast jeder Bürgerschaft eine romfreundliche und eine romfeindliche Partei (siehe E 2: factiones und Klientel). Entsprechend wechselvoll gestaltet sich die Politik dieser Völker Rom gegenüber.

> So haben sich die Haeduer (b. G. 1,16,1) zwar zur Lieferung von Getreide verpflichtet, kommen dieser Verpflichtung aber nicht nach, denn neben dem römerfreundlich gesinnten Diviciacus gibt es eine zweite politische Kraft, die sich in Dumnorix, seinem Bruder, repräsentiert. Der macht (b. G. 1,17–18) seinen ganzen Einfluss geltend, um jede Kooperation mit den Römern zu hintertreiben (siehe F 1).

Wie unsicher die Lage für Caesar in Gallien auch nach mehreren Jahren noch ist und wie wenig er sich auf ihre *fides* verlassen kann, macht auf drastische Weise die Geiselnahme der gallischen Fürsten (b. G. 5,5,3f) deutlich: Aus Besorgnis, die Gallier könnten während seiner Abwesenheit eine allgemeine Erhebung wagen, lässt Caesar so gut wie alle ihre Fürsten zusammenkommen, um sie auf seine Fahrt nach Britannien mitzunehmen.

Das Risiko, das ihm aus der mangelnden Verlässlichkeit militärisch erwächst, weiß Caesar politisch allerdings klug zu nutzen, indem er aus eben dieser *infirmitas Gallorum* die Notwendigkeit herleitet, diese Gefahr für Rom durch eine völlige Unterwerfung *(debellatio)* ganz Galliens ein für allemal zu beenden.

4.2 barbari

Das Wort stammt aus dem Griechischen und bezeichnet als lautmalendes Wort – etwa „Rhabarber, Rhabarber" – jemanden, dessen

---

[12] Überraschenderweise teilt Caesar b. G. 3,10,3 ihre Sicht, führt aber die Erkenntnis, dass „*alle Menschen nach Freiheit streben und die Sklaverei hassen*", noch im selben Satz als Begründung für seine militärischen Aktionen gegen sie an, denn dieser Freiheitswille ist (b. G. 7,76,2) immer auch mit ihrem Wunsch verbunden, den alten Kriegsruhm wiederzuerlangen, und daher für Rom gefährlich.

Sprache man nicht versteht, also den Nicht-Griechen. Mit der Adaption griechischer Kultur übernehmen die Römer das Wort und bezeichnen damit fortan alle, die keine Griechen oder Römer sind. Darüber hinaus hat die Bezeichnung einer Person als *barbarus* diskriminierende Bedeutung. Sie charakterisiert eine Person nämlich als ungebildet, primitiv und roh, als dumm, uneinsichtig und gefährlich.

So tritt *barbarus* bei Caesar in Verbindung mit *ferus* auf und bezeichnet ein wildes, ungeschlachtes Wesen, dem einerseits eine urwüchsige *fortitudo* zu eigen ist, das sich andererseits aber auch von Emotionen hinreißen lässt und wenig von *ratio* bestimmt ist, weshalb das Wort bei Caesar öfter auch in Verbindung mit *stultus* verwendet wird. Diese „Dummheit" schildert Caesar teils als Mangel an *ratio*, teils auch als bloße Unkenntnis, die sich, einerseits, in Fehleinschätzungen der Situation äußert und zu unüberlegtem und überstürztem Handeln *(temeritas)* führt, was sie unkalkulierbar und gefährlich macht; andererseits verleitet der Mangel an Vertrautheit mit römischer Kultur *(nostrae consuetudinis imperitus)* zu einer aufgeblasenen Selbstüberschätzung *(stulta atque barbara arrogantia*, bellum civile 3,59). Die *arrogantia* aber ist mit der negativen Seite der *pertinacia* verbunden, der Uneinsichtigkeit und starrsinnigen Haltung, die sich gegen alle Gründe der Vernunft nicht beugen will und deshalb nur durch eine *debellatio* gebrochen werden kann.[13]

Damit aber wird die Bezeichnung *barbarus* zu einem politischen Kampfbegriff, der in einem einzigen Wort alles enthält, was diesen Gegner so gefährlich macht: *fortitudo, ferocitas, temeritas, arrogantia, pertinacia*. Den Gegner als *barbari* und nicht als *hostes* oder mit seinem Namen anzusprechen, wie Caesar das ja im Regelfall tut, ist deshalb gezielt darauf gerichtet, diese Aspekte seines Wesens dem Leser warnend vor Augen zu halten, und ist verbunden mit der politischen Forderung nach einer völligen Niederwerfung eben dieser Barbaren. Nicht zufällig zeichnet Caesar am Ende des Gallischen Krieges (b. G. 7,77–78) mit der Rede des Critognat deshalb noch einmal ein eindrucksvolles Bild dieses Barbarentums.

---

(13) Demgegenüber ist die positive Seite der *pertinacia*, die sich auf überlegene *scientia* und *disciplina* gründet, eine Tugend römischer Soldaten. – Wie einzelne Kelten die *pertinacia* ad absurdum führen, schildert Caesar am Beispiel des Ambiorix, der sich um keinen Preis ergeben will und, von ganzen vier Reitern begleitet, wie ein Gespenst durch Gallien irrt. Und was bei Caesar noch zwischen den Zeilen zu lesen ist, formuliert Vergil (Aeneis 6,853) später mit den Worten *debellare superbos* als historischen Auftrag der Römer.

K   Die Orientierung des Lesers

Die sprachliche Gestaltung des Textes durch Caesar ist inhaltlich wie auch formal von dem Willen geprägt, dem Leser eine optimale Orientierung über den Handlungsverlauf zu geben.

Im Folgenden werden einige Techniken analysiert, die dieser Orientierung dienen.

1   Die logische Klarheit der Periodenstruktur

1.1   Die Reihung subordinierter Sätze

Die logische Klarheit gebietet, dass Subordination nur in Leserichtung stattfindet und dem Leser so *im Prozess des Lesens* die logische Zuordnung eines jeden Satzes deutlich wird.

Die Subordination entfaltet sich Schritt für Schritt: In der Regel folgt dem Hauptsatz ein Nebensatz 1. Grades, dem ein Nebensatz 2., diesem ein Nebensatz 3. Grades usf. Es entsteht die Struktur einer Reihung:

> Quam ob rem placuit ei,
> > ut ad Ariovistum legatos mitteret,
> > > qui ab eo postularent,
> > > > uti aliquem locum medium utriusque
> > > > colloquio deligeret.   (b. G. 1,34,1)

Nur der 1. Nebensatz 1. Grades (und die ihn evtl. erläuternden Nebensätze 2. und 3. Grades) dürfen vor den Hauptsatz treten, ohne dass die logische Klarheit gefährdet ist:

> Ubi ea dies,
> > quam constituerat cum legatis,
> > > venit et legati ad eum reverterunt,
> > > > negat se ... posse iter ulli per provinciam dare.   (b. G. 1,8,3)

1.2   Gleichrangige Sätze müssen getrennt werden

Um dieses Prinzip der klaren logischen Zuordnung eines Satzes nicht zu stören, verbietet es sich von selbst, gleichrangige Nebensätze *unmittelbar* nebeneinander zu stellen. Solche Sätze werden deshalb durch mindestens ein Wort des übergeordneten Satzes voneinander getrennt:

(H) Interea ea legione,
  quam secum habebat,
(H) militibusque,
  qui ex provincia convenerant,
(H) a lacu Lemanno,
  qui in flumen Rhodanum influit,
(H) ad montem Iuram,
  qui fines Sequanorum ab Helvetiis dividit,
(H) milia passuum undeviginti murum
 in altitudinem pedum sedecim
 fossamque perducit.   (b. G. 1,8,1)

Entsprechend werden gleichrangige Sätze des 2. oder 3. Grades durch mindestens ein Wort getrennt, das zum übergeordneten Satz gehört.

1.3 Ein Satz wird nur unterbrochen, um eine sofort benötigte Information einzuschieben

Das Bedürfnis nach einer klaren logischen Zuordnung von Sätzen führt dazu, dass ein Satz nur unterbrochen wird, um einen Satz einzufügen, der von ihm abhängig ist. Indiz für das Unterbrechen eines Satzes ist das Ausbleiben des Prädikats.

```
┌─ Caesar,
│   ┌─ etsi idem,
│   │     quod superioribus diebus acciderat,
│   └─ fore videbat,
│       ┌─ ut,
│       │     si essent hostes pulsi,
│       └─ celeritate periculum effugerent,
├─ tamen nactus equites circiter XXX,
│   ┌─ quos Commius Atrebas,
│   │     de quo ante dictum est,
│   └─ secum transportaverat,
└─ legiones in acie pro castris constituit.     (b. G. 4,35,1)
```

1.4 Die Klammer

Aus der in 1.3 genannten Regel und dem Beispiel dazu ergibt sich folgerichtig, an welcher Stelle ein begonnener Satz wieder aufgegriffen oder beendet und die Klammer geschlossen werden kann.

 Indiz dafür, dass ein Satz abgeschlossen werden soll, ist die Nennung des Prädikats. Folgt dem Prädikat eine Aufzählungspartikel, so wird dadurch signalisiert, dass der Satz noch fortgesetzt werden soll:

> Ipse in Italiam magnis itineribus contendit duasque ibi legiones conscribit
> *et, qua proximum iter in ulteriorem Galliam per Alpes erat,*
> cum his quinque legionibus ire contendit. (b. G. 1,10,3b)

Prädikate allerdings, die aci- oder Modalverben sind, schließen den Satz erst ab, wenn auch ihre obligatorischen Ergänzungen (Infinitiv und/oder Akkusativ) schon gegeben sind:

> His rebus adducti ... *constituerunt* ea, quae ... pertinerent,
> comparare ... (b. G. 1,3,1)

Da Sätze nur unterbrochen werden, um direkt untergeordnete Sätze einzufügen, müssen alle Sätze, die auf diese Weise eingefügt sind, ihrerseits abgeschlossen sein, bevor der unterbrochene Satz abgeschlossen oder wieder aufgegriffen werden kann, d. h.: Die jeweils untergeordneten Sätze werden auf diese Weise in die Sätze (und zwar in Haupt- wie in Nebensätze) eingebettet, zu denen sie logisch gesehen gehören. Durch dieses Prinzip, das auch bei der Wortstellung praktiziert wird, ergibt sich eine Klammer.[14] Ein Beispiel:

> ⌈Brevi spatio interiecto,
> │ ⌈vix ut iis rebus,
> │ │   quas constituissent,
> │ ⌊collocandis atque administrandis tempus daretur,
> ⌊hostes ex omnibus partibus signo dato decurrere,
>   lapides gaesaque in vallum conicere. (b. G. 3,4,1)

Meist sind jedoch nur Teilbereiche der Periode verklammert:

> ⌈Tamen,
> │   ut spatium intercedere posset,
> │   ⌈dum milites,
> │   │   quos imperaverat,
> │   ⌊convenirent,
> ⌊legatis respondit diem se ad deliberandum sumpturum.
> (b. G. 1,7,6)

---

[14] Ist der Hauptsatz durch einen Nebensatz unterbrochen, so muss erst dieser Nebensatz abgeschlossen sein, bevor auch der Hauptsatz abgeschlossen werden kann. Entsprechend muss ein Nebensatz 2. Grades abgeschlossen sein, bevor der übergeordnete Satz abgeschlossen werden kann usf. – Zur Wortstellung vgl. etwa Helvetii repentino eius adventu commoti ... Hier umrahmt Helvetii commoti den Ausdruck repentino adventu, in den seinerseits eius eingeschlossen ist. – Vgl. auch den Periodenbau b. G. 1,8,3; 1,14,6; 1,16,5; 1,28,4; 1,31,2b; 1,31,10.

2 Die Gliederung des Textes nach Themen

2.1 Wie Caesar einen Bericht eröffnet

Der Beginn eines Berichts nennt das Thema der Darstellung und ist bestimmt von wichtigen Orientierungsdaten: Es werden Angaben zum Zeitpunkt und/oder zum Ort des Geschehens gemacht und der Handlungsträger (Subjekt) genannt *(Wann? / Wo? / Wer?)*.

- (b. G. 4,36,1) Eodem die legati ... venerunt.
- (b. G. 4,13,1) Hoc facto proelio Caesar ... arbitrabatur ...
- (b. G. 1,10,4) Ibi Ceutrones ... exercitum prohibere conantur.

Auch werden die *beteiligten Parteien* oft gleich zu Beginn genannt und nicht selten unmittelbar nebeneinander gestellt:

- (b. G. 1,14,1) His Caesar ita respondit: ...
- (b. G. 2,5,1) Caesar Remos cohortatus ...

2.2 Wie Caesar einen Bericht entwickelt

Nachdem das Thema genannt ist, entwickelt Caesar den weiteren Textverlauf in (thematisch und sprachlich) dichter Kohärenz.
Ein Beispiel: b. G. 1,1 nennt er als Thema

Gallien und seine *drei Teile.*

Das führt ihn zu den

Bewohnern dieser Landesteile,
den *Belgern, Aquitanern* und *Kelten.*

Von den Kelten geht er über zu den

Nachbarn der Kelten,
den Aquitanern und Belgern,

deren *Tapferkeit* er hervorhebt
und u. a. mit dem Hinweis auf ihre ständigen
Auseinandersetzungen mit den Germanen *begründet.*

Diese Begründung gilt auch für
die Tapferkeit der *Helvetier.*

Bei den Helvetiern ist ein Mann von besonderer Bedeutung:
Orgetorix,

der nun für die nächsten Kapitel Thema der Darstellung wird.

Die Sprachwissenschaft bezeichnet diese Abfolge von Aussagen als Aufeinanderfolge von *Thema und Rhema*: Der ersten Information (Thema) folgt eine zweite (Rhema), die den Gedanken weiterentwickelt. Diese zweite Information wird nun im weiteren Verlauf als bekannt vorausgesetzt und so zum Thema der nachfolgenden neuen Information (Rhema) usf. Es entsteht eine Kette:

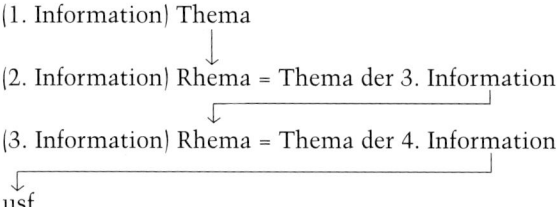

usf.

Eine solche Abfolge von Thema und Rhema spielt bei jedem Text eine herausragende Rolle und ist nichts, was Caesars Stil in irgendeiner Weise vor anderen Autoren auszeichnet. Charakteristisch für Caesar ist jedoch die Art und Weise, wie er dieses Entwicklungsprinzip konkret oft gestaltet.

So beginnt Caesar seine Darstellung (b.G. 1,1) mit Allgemeinem (Gallien) und geht über zu Einzelnem (Belger, Aquitaner, Kelten). Aus dieser Gruppe greift er die Belger heraus und leitet über zu den Helvetiern. Von ihnen ist einer besonders wichtig: der Fürst Orgetorix.

Vereinfacht dargestellt ergibt sich folgendes Bild:

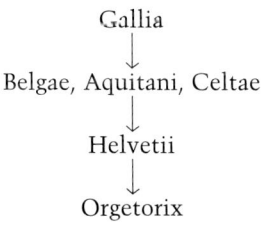

Der Text hat so von Anfang an eine klare Ausrichtung auf den Fürsten Orgetorix. Auf ihn läuft alles hinaus, auf ihn scheint alles angelegt. Das Thema ist stufenweise, vom Allgemeinen ausgehend, gezielt auf ihn hin entwickelt. Dem Leser wird auf diese Weise deutlich, dass er nun an einem wichtigen Punkt der Darstellung angekommen ist.

Der Wechsel des Subjekts: Bei der Abfolge von Thema und Rhema ergeben sich laufend neue Subjekte, über die Caesar den Leser in aller Regel gleich am Satzanfang oder doch sehr früh informiert:

> Helvetii iam ... suas copias traduxerant et in Haeduorum fines pervenerant eorumque agros populabantur. Haedui ... legatos ... mittunt ... Eodem tempore Ambarri ... Caesarem certiorem faciunt ... sese non facile ab oppidis vim hostium prohibere. Item Allobroges ... se ad Caesarem recipiunt et demonstrant sibi praeter agri solum nihil esse reliqui. Quibus rebus adductus Caesar non exspectandum sibi statuit, dum ...
>
> (b. G. 1,11,1-6)

Dabei muss der (neue) Handlungsträger nicht immer als grammatisches Subjekt formuliert sein. Er kann auch stichwortartig – in anderem Kasus – am Anfang der Periode stehen:

> Caesari cum id nuntiatum esset eos per provinciam nostram iter facere conari, maturat *(gemeint ist Caesar)* ab urbe proficisci ...   (b. G. 1,7,1)

2.3 Wie Caesar einen Bericht abschließt und zum nächsten überleitet

Der Anfang eines Satzes enthält oft auch Hinweise, dass die bisher angesprochenen Geschehnisse, Überlegungen etc. verlassen und ein ganz neues Thema angeschnitten werden soll. Das geschieht im „Bellum Gallicum" sehr häufig in Form eines abl. abs., der mit einem Demonstrativpronomen oder einem relativischen Anschluss auf bereits Gesagtes Bezug nimmt.

So schließt Caesar (b. G. 1,19,1) seine Ausführungen zum Thema „Wer verhindert die Getreidelieferungen der Haeduer und warum" mit dem Hinweis quibus rebus cognitis ab und leitet nun über zu seiner Reaktion auf diese Informationen. Oder (b. G. 1,30,1): Bello Helvetiorum confecto totius fere Galliae legati ... ad Caesarem gratulatum convenerunt: intellegere sese ... Auch hier signalisiert Caesar mit Bello ... confecto dem Leser, dass er das Thema wechselt und nun auf Vorgänge zu sprechen kommen will, die sich *danach* ereignet haben. Das neue Thema wird wieder frühzeitig genannt: Galliae legati.

Die innige Kohärenz der Texte und die deutlichen Zäsuren zwischen den Themen sind für Schüler – wenn sie gelernt haben, auf sie zu achten – eine wichtige Übersetzungs- und Verständnishilfe.

3 Das Prinzip der Chronologie

Das Prinzip der Chronologie entspricht dem Bedürfnis, dem Leser eine schnelle und deutliche Orientierung über den Handlungsverlauf zu ermöglichen. Und wie sich die logische und thematische Struktur des

Gedankens Schritt für Schritt im Prozess des Lesens erschließt, so entfaltet sich auch der zeitliche Ablauf des Geschehens – dank der chronologischen Ordnung – während des Lesens.
So gliedert sich der Satz (b. G. 1,7,1)

> Caesari cum id nuntiatum esset ..., maturat ab urbe proficisci et ... in Galliam ulteriorem contendit et ad Genavam pervenit

in chronologisch aufeinander folgende Abschnitte:

> *Vorgeschichte:* „Als Caesar gemeldet worden war, dass ...",
> *Caesars Reaktion:* „beeilte er sich von Rom aufzubrechen"
> *weitere Aktion:* „und marschierte ... nach Gallia ulterior"
> *Ergebnis:* „und gelangte nach Genf."

Die Abfolge der Mitteilungen verfolgt aber nicht nur den Zweck, die zeitliche Abfolge der einzelnen Handlungen aufzuzeigen, sondern soll dem Leser vor allem auch verdeutlichen, wie sich eins konsequent aus dem anderen entwickelt und sich folgerichtig, ja *notwendig* ergibt. Insofern steht die chronologische Darstellung des Autors Caesar ganz auch im Dienst einer Rechtfertigung seines Handelns als Feldherr und Politiker.

Die chronologische Ordnung der Verbalinformationen (einschließlich der Part. coni. und abl. abs.) gewährleistet gerade in großen Perioden eine optimale Orientierung des Lesers. Ein Beispiel für den streng chronologischen Aufbau einer Satzperiode ist unten S. 70 ausgeführt.

Beispiel einer chronologisch aufgebauten Satzperiode (b. G. 4,30,1–2):

(Quibus rebus cognitis) principes Britanniae,
   qui post proelium ad Caesarem *convenerant*,
inter se *collocuti*, |
   cum et equites et naves et frumentum Romanis deesse intellegerent |
   et paucitatem militum ex castrorum exiguitate cognoscerent,
     quae hoc *erant* etiam *angustiora*,
       quod sine impedimentis Caesar legiones *transportaverat*,
optimum factu esse *duxerunt (rebellione facta)* frumento commeatuque nostros prohibere et rem in hiemem producere,
   quod *(his superatis aut reditu interclusis)* neminem postea belli inferendi causa in Britanniam transiturum *confidebant*.

– Zuerst erkennen die Britannier die Sachlage: quibus rebus cognitis,
– dann besprechen sie sich: inter se collocuti.

Auf der Versammlung kommen nun bestimmte Gesichtspunkte zum Tragen:

– Da sie bestimmte Umstände erkennen: cum ... cognoscerent,
– halten sie es für das Beste: optimum factu esse duxerunt,
   – erst zu rebellieren: rebellione facta
   – und dann die Römer von der Versorgung abzuschneiden: frumento ... nostros prohibere
   – und so die Angelegenheit bis in den Winter hinauszuzögern: in hiemem producere,

denn sie vertrauen darauf, dass (Option auf die Zukunft)

– nach deren Überwindung: his superatis
– oder durch die Vereitelung ihrer Rückkehr: reditu interclusis
– künftig niemand nach Britannien kommen werde, um dort Krieg zu führen: neminem ... belli inferendi causa in Britanniam transiturum.

L Realien aus dem militärischen Bereich

1 Das Heer, seine Abteilungen

a) Das **Heer** besteht aus Fußsoldaten *(pedites* oder einfach *milites* genannt), den Reitern *(equites)*, Handwerkern *(fabri)*, Wundärzten *(medici)* und dem Tross *(impedimenta)* mit seinen Trossknechten und Treibern.

Die *pedites* sind entweder *legionarii*, römische Bürger, oder *milites levis armaturae*, nichtrömische Bürger, die als Hilfstruppen *(auxilia)* in den Provinzen ausgehoben werden, von befreundeten Völkern gestellt sind (siehe auch D 1: foederati, socii, amici) oder für Sold dienen. Die *legionarii* sind eingeteilt in *legiones*, deren Stärke schwankt und nicht genau feststeht, im Schnitt aber wohl auf etwa 3000 bis 4000 Mann angesetzt werden muss.[15] Die Legion gliedert sich in 10 Kohorten, die Kohorte in 3 Manipel, der Manipel in 2 Zenturien.

b) Die Führung der Soldaten ist Aufgabe der niederen und höheren **Offiziere**.[16] Zu den niederen Offizieren gehören die *centuriones*, die vom Feldherrn aus den besten Soldaten ausgewählt werden und je nach Dienstalter und Fähigkeit verschiedenen Rang und Namen tragen. Der ranghöchste unter diesen niederen Offizieren ist der *primipilus*, der auch das Vorrecht genießt, am Kriegsrat teilzunehmen. Zu den ranghöheren Soldaten gehören die Militärtribunen *(tribuni militum)*, die Legaten *(legati)* und der Quaestor *(quaestor)*:

Die **Militärtribunen** sind junge Männer, die ihre politische Karriere durch eine militärische vorbereiten. Sie gehören zumindest dem Ritterstand an und werden teils vom Volk gewählt, teils vom Konsul eingesetzt. Sechs Militärtribunen, die sich im Dienst abwechseln, gehören zu jeder Legion. Caesar setzt sie nur für unbedeutende Aufträge ein.

Die **Legaten** gehören dem Senatorenstand an und werden dem Heerführer je nach Bedarf beigegeben. Sie sind, unter seinem Oberbefehl, Führer einzelner Legionen und erhalten gelegentlich auch ein selbstständiges Kommando. Auch sollen sie den Senat über Aktivitäten des

---

[15] Ich entnehme diese Größenordnung Caesars Angaben b. G. 5,49, wo er die Anzahl der unterzubringenden Menschen (hominum, nicht militum) mit knapp 7000 angibt und vermerkt, dass der Tross, und damit auch die Trossknechte und Treiber, fehlen.
[16] Dass die Soldaten aufgrund ihrer praktischen Erfahrung im Fall etwa eines Überraschungsangriffs auch zu selbständigem Handeln fähig sind, hebt Caesar b. G. 2,20,3–4 lobend hervor.

Oberbefehlshabers informieren und haben in dieser Eigenschaft Kontrollfunktion. Darüber hinaus werden sie auch in diplomatischer Mission eingesetzt. Sie genießen deshalb Immunität (siehe auch D 4: ius legatorum).

Der **Quaestor** gehört dem Senatorenstand an. Er ist ein Politiker, der – ähnlich wie auch Konsul und Prätor – nach seiner Amtszeit vom Volk zu diesem militärischen Amt berufen werden konnte. Ihm sind vorrangig Verwaltungsgeschäfte übertragen wie Finanzen, das Proviantwesen usw., er versieht aber u. U. auch die Aufgaben eines Legaten.

c) Die **milites levis armaturae** sind Hilfstruppen *(auxilia)*, die in den Provinzen, z. B. Numidien, Kreta, Balearen (b. G. 2,7), ausgehoben oder von befreundeten Völkern gestellt sind oder für Sold dienen. Die *auxilia* gliedern sich in Kohorten unterschiedlicher Stärke, ihre Führer, die nur manchmal Römer sind, heißen *praefecti*; ihre Bewaffnung besteht in der Regel aus kleinerem Schild, Helm, Schwert und Wurfspieß, daher „leichtbewaffnet", doch gehören zu ihnen auch Schleuderer *(funditores)* und Bogenschützen *(sagittarii)*, die ihre speziellen Waffen haben (siehe auch L 3: Bewaffnung).

d) *equites:* Die Reiterei – ursprünglich bestand sie aus Angehörigen des römischen Ritterstandes – setzt sich bei Caesar nur aus Nicht-Römern zusammen und gehört damit den Hilfstruppen an. Sie wird meist von verbündeten Völkern gestellt und steht nur teilweise unter römischen Befehlshabern. Auch dienen hier zum ersten Mal Germanen in einem römischen Heer. Die Reiterei ist in Schwadronen *(turmae)* zu je 30 Pferden eingeteilt. Die Führer größerer Abteilungen heißen *praefecti equitum*, die von kleineren *decuriones*. Wegen ihrer Beweglichkeit und Schnelligkeit wird die Reiterei oft dem Heer vorausgeschickt oder eingesetzt, um den bereits geschlagenen Feind auf der Flucht zu verfolgen. (Siehe auch L 15: Das Reitergefecht.)

e) Die **fabri** sind Handwerker: Zimmerleute, Schmiede, Ingenieure. Sie unterstanden urspünglich wohl dem *praefectus fabrum*, der bei Caesar aber persönlicher Adjutant des Feldherrn ist. Sie gehören zum Tross (s. unten f).

Zur Versorgung verwundeter Soldaten führt Caesar Wundärzte **(medici)** im Heer mit. Das Lazarett, in dem die verwundeten Soldaten untergebracht sind, liegt im Lager für gewöhnlich geschützt hinter dem *praetorium* auf der Seite zur *porta decumana* hin. (Siehe L 13: Das Lager.)

f) Der **Tross** *(impedimenta)* meint schweres Gepäck: Kriegsmaschinen, Zelte, Vorräte an Waffen, Kleidung, Proviant, Mühlen und sonstiges Gerät, das auf Karren *(carrus)* geladen und von Lasttieren *(iumenta)* gezogen wird. Auf dem Marsch folgt er der jeweiligen Legion, in Feindesnähe zieht er vor der Nachhut *(agmen novissimum)* am Ende des Hauptheeres. Der Tross muss stets gut geschützt werden, denn nach seinem Verlust ist an eine Fortsetzung militärischer Aktionen nicht mehr zu denken. Zur Leitung, Fütterung und Pflege der Tiere werden Trossknechte *(calones)* und Treiber *(muliones)* eingesetzt, die keine Soldaten sind, vielleicht sogar Sklaven (siehe auch L 5: Versorgung).

2 Sonstige Personen

a) Germanische Söldner: Caesar ist der erste römische Feldherr, der auch Germanen als Söldner im Heer hat. Mehrfach sind im „Bellum Gallicum" germanische Reiter erwähnt. b. G. 7,65,4 hebt er – neben germanischen Leichtbewaffneten – ein ganzes Kontingent von Reitern aus, das bei der Schlacht um Alesia mehrfach in kritischer Situation und mit durchschlagendem Erfolg eingesetzt wird.

b) *evocati*, im „Bellum Gallicum" selten erwähnt, sind Veteranen, einfache Soldaten oder Zenturionen, die wegen besonderer Fähigkeiten vom Feldherrn zu einer Fortsetzung bzw. Wiederaufnahme ihres Dienstes aufgefordert werden.

c) *amicitiae causa sequentes:* b. G. 1,39,2 erwähnt Caesar Leute, die ihm aus Freundschaft nach Gallien gefolgt sind. Es handelt sich dabei um vorwiegend wohl junge Männer, die sich aus dem persönlichen Umgang mit Caesar Vorteile erhoffen. Sie gehören, wie man b. G. 1,39,3 entnehmen kann, nicht dem Heer an.

d) *servi* **/ Sklaven** durften keinen Kriegsdienst leisten. Dennoch befanden sich zahlreiche Sklaven im Lager, die teils wohl Trossknechte und Treiber, teils persönliche Diener höherer Offiziere waren.

3 Bewaffnung

Die Bewaffnung des Legionärs umfasst Schutzwaffen *(arma)* und Angriffswaffen *(tela)*; meist werden beide zusammen einfach als *arma* bezeichnet.

Zu den Schutzwaffen zählen der Helm *(galea)*, der Panzer *(lorica)* und der 1,25 m hohe und 0,78 m breite gewölbte Schild *(scutum)*, aus Holz, das mit Rindsleder überzogen und mit Metall eingefasst war. Die Beinschienen *(ocreae)* erwähnt Caesar im „Bellum Gallicum" nicht.

Die Angriffswaffen bestehen aus einem bis zu 2 m langen und mit einer eisernen Spitze versehenen Wurfspeer *(pilum)* und einem geraden, kurzen zweischneidigen Schwert *(gladius)*, das an der rechten Hüfte in einer Scheide *(vagina)* getragen wurde, sowie einem etwa 25 cm langen Dolch *(pugio)*, der im „Bellum Gallicum" nicht erwähnt wird.

Mit Ausnahme des *pilum* sind alle Waffen des Legionssoldaten auf den Nahkampf berechnet. (Siehe auch L 16: Angriff, L 17: Schwere Waffen.)

4 Feldzeichen

Zur Einleitung militärischer Operationen werden akustische (Hörner und Tuben) und optische Signale (Standarten) eingesetzt.

Das wichtigste Feldzeichen ist der an einer Stange befestigte Adler *(aquila)*, eine silberne oder versilberte, in der Kaiserzeit goldene Figur, die einen Adler darstellt und vom *aquilifer* der ersten Zenturie der ersten Kohorte auf dem Marsch der Legion vorangetragen wird, während er in der Schlacht sich hinter der ersten Kohorte befindet. Der Adler genoss religiöse Verehrung, der Jahrestag seiner Verleihung an die Legion wurde gefeiert. Er ist das Zeichen der ganzen Legion und durfte dem Feind nicht in die Hände fallen, denn sein Verlust bedeutete das juristische Ende einer Legion.

Das vom *signifer* getragene Zeichen der *manipuli* heisst schlicht nur *signum*. *Vexillum* wird ein kleines Fähnchen genannt, das von sonstigen Truppenteilen benutzt wird.

5 Versorgung

Die Versorgung des Heeres mit Nahrung für die Soldaten und Futter für die Tiere geschah bei Caesar aus dem Land heraus, in dem er gerade Krieg führte. Das heißt: Er verpflichtete Bundesgenossen zur Lieferung oder aber ließ es dort beschaffen, wo er sich gerade aufhielt.

Die Versorgung vor allem auch der Tiere ist eine der wichtigsten Aufgaben, da ohne sie in der Antike kein Krieg hätte geführt werden können. Ein gewisser Vorrat an Futter *(pabulum)* wird mitgeführt, doch besteht die Notwendigkeit, Futter auch immer wieder neu zu beschaffen *(pabulari)*. Das Futterholen *(pabulatio)* gehört zu den Obliegenheiten der Soldaten, die als *pabulatores* auf die Felder geschickt werden. Während ihrer Arbeit werden sie von anderen Soldaten, meist wohl Reitern, geschützt.

Die lebensnotwendige Versorgung zu behindern oder ganz zu unterbinden *(commeatu/ frumento intercludere)* ist eins der militärischen Hauptziele des jeweiligen Gegners. Dazu wird die Reiterei eingesetzt. Angriff und erfolgreiche Abwehr eines solchen Überfalls schildert Caesar u. a. b. G. 5,17.

(Siehe auch: L 1: Das Heer, L 11: Das Heer auf dem Marsch.)

6 Aushebung von Soldaten

Das Recht Soldaten auszuheben *(milites conscribere)* kommt nach römischer Tradition allein dem Senat zu. Wenn Caesar schon zu Beginn des Gallischen Krieges zwei neue Legionen aushebt, dann ist das eine Selbstherrlichkeit, die nicht im Einklang mit römischen Gepflogenheiten stand. Caesar ist sich bewusst, dass gerade solche Maßnahmen geeignet sind, seinen politischen Gegnern gewichtige Argumente für eine spätere Anklage an die Hand zu geben. Er verwendet deshalb (u. a. b. G. 1,10) große Sorgfalt auf die Darlegung der Dringlichkeit und Notwendigkeit seines Handelns.

7 Informationen zum Kriegsschauplatz

Geografisch ist das Gallien, in dem Caesar Krieg führt, *Gallia ulterior*, ebenso wie Germanien und vor allem Britannien den Römern weitestgehend unbekannt, und wenn Caesar gleich zu Beginn des „Bellum Gallicum" eine Schilderung vom Land gibt, so entspricht das nicht seinem Kenntnisstand zu Kriegsbeginn, sondern ist das Ergebnis späterer Erkenntnisse, die er nach und nach durch Händler, Kriegsgefangene, Ortsansässige und nicht zuletzt durch eigene Kundschafter gewonnen hat.

Das Land ist, verglichen mit dem damaligen Italien, verkehrstechnisch eher durch die meist schiffbaren Flüsse als durch Wege erschlossen. Ausgedehnte Wälder und große Sümpfe bestimmen seinen Charakter, die Flüsse sind breit und oft nur an Furten zu überqueren.

a) Wälder: Namentlich werden bei Caesar drei große (germanische) Waldgebiete genannt: der Hercynische Wald, der vom Schwarzwald bis zu den Karpaten reicht, der Bakenische Wald an der Weser und der Ardennenwald mit Eifel und Hunsrück.

Alle diese Waldgebiete werden als riesige Urwälder beschrieben, in die einzudringen nur dem Ortskundigen möglich ist. Aber auch die Wälder Galliens bieten den Bewohnern einen natürlichen Schutz gegen übermächtige Feinde, weshalb im Kriegsfall Frauen, Kinder und alte Leute samt dem Vieh oder dem Tross dort oft Zuflucht suchen. Manchmal versteckt sich in ihnen auch ein ganzes Volk oder sein Heer, das dort auf eine günstige Gelegenheit wartet, den Feind durch einen plötzlichen Ausbruch zu überrumpeln. Den Schutz der Wälder nutzten die Gallier auch bei der Anlage ihrer Wohnplätze, die – wie Caesar b. G. 6,30 ausführt – fast immer in der Nähe von Wäldern und Flüssen angelegt sind, weil diese einen natürlichen Schutz vor Feinden, aber auch, weil sie Schutz vor der Hitze des Sommers boten.

Besonders hervorgehoben wird der Reichtum der Wälder an Tieren, die, wie etwa Auerochse oder Elch, den Römern bis dahin unbekannt waren.

b) Flüsse: Die Flüsse Galliens kennen keine menschlichen Eingriffe. Sie entfalten sich daher als außerordentlich breite Wasserläufe, die nur mit Booten und Schiffen oder an Furten (flachen Stellen) zu überqueren sind. Brücken sind eine Ausnahme. Untiefen und Stromschnellen bestimmen ihren Charakter, was eine Überquerung immer zu einem riskanten Unternehmen werden lässt. Wie die Wälder bieten sie den Bewohnern daher Schutz vor Feinden und markieren meist eine natürliche Grenze zu Nachbarvölkern. Den Germanen dienen sie im Krieg als natürlicher Schutz vor dem Feind, da sie, anders als Römer und später auch Gallier, keine Lager errichten.

c) Sümpfe: Wie die Wälder bieten auch Sümpfe einen natürlichen Schutzraum. So versteckt sich Ariovist über Monate mit seinem Heer in den Sümpfen (b. G. 1,40,8) und lässt sich auf keinen Kampf ein, und auch Moriner, Menapier, Nervier und Eburonen nutzen die Möglichkeit, auf diese Weise einem Kampf auszuweichen (b. G. 3,28) oder aber Frauen, Kinder und Alte samt dem Vieh dort in Sicherheit zu bringen (b. G. 2,28; b. G. 5,21,2). Selbst kleine Sümpfe bieten dem, der sich in ihnen auskennt, noch Schutz (b. G. 7,19). Für den Ortsunkundigen aber, der sie zu durchqueren versucht, stellen sie ein erhebliches Risiko dar (b. G. 2,9).

d) Hügel, Berge, Gebirge: Militärisch gesehen sind Hügel *(collis)* und Berg *(mons)* strategisch wichtige Punkte im Gelände. Wer sich hier als erster festsetzen kann *(monte occupato)*, hat dem Gegner gegenüber große Vorteile: Von hier aus hat man einen guten Überblick, der jeden

Überraschungsangriff unmöglich macht, und ist dem Feind, der ja den Höhenunterschied erst überwinden muss und solange feindlichem Beschuss ausgesetzt ist, weit überlegen. Auch verhindert oft Baumbestand das Einsehen der eigenen Linien.

Gebirge *(mons altissimus)* dagegen sind wegen ihrer Unzugänglichkeit schwer zu überwinden. Einheimischen hingegen bieten sie Schutz.

Die Anzahl der Pässe durch ein Gebirge war im Altertum gering, die Wege schmal, steil und sehr gefährlich, im Winter unpassierbar.

e) *oppida* nennt Caesar gallische Städte, die im Unterschied zu den *vici* (Dörfern) oder *aedificia* (vereinzelt stehenden Gebäuden) über eine künstliche Befestigung verfügen. Sie entstanden aus älteren Ringwallanlagen (Fluchtstätten) und liegen regelmäßig an strategisch wichtigen Punkten, oft auf einer Bergkuppe. Die *oppida* sind also sowohl von Natur aus als auch durch künstliche Befestigungsanlagen gut gegen Feinde gesichert. Ihre Mauern lassen sich – so Caesar (b.G. 7,23,5) – aufgrund ihrer besonderen Bauweise weder einstoßen noch einreißen. (Siehe auch E 3: Keltische Städte; zu britannischen *oppida* vgl. b.G. 5, 21.)

8 Die Jahreszeiten in ihrer Bedeutung für das Militär

Zwar kennen die Römer wie wir vier Jahreszeiten, doch meint *aestas* bei Caesar nicht eigentlich Sommer, sondern ganz allgemein die Jahreszeit, die warm genug ist, um Krieg führen zu können, also auch Frühling oder Frühherbst. In der kalten Jahreszeit ruhte der Krieg, und die Soldaten lagen im Winterlager *(hiberna)*. Auch die Schifffahrt war diesem Gesetz der Jahreszeiten unterworfen und wurde mit Beginn der Herbststürme eingestellt. Trotzdem versucht Caesar gelegentlich, selbst riskante Unternehmungen wie eine Fahrt nach Britannien noch im Spätsommer durchzuführen, und auch der Winter schreckt ihn (b.G. 7,8) nicht ab, sich durch zwei Meter hohen Schnee zu graben, um die Arverner aufzuschrecken – doch das sind Ausnahmen.

Auch für eine ausreichende Versorgung mit Lebensmitteln und Futter für die Tiere der Reiterei und des Trosses spielen die Jahreszeiten naturgemäß eine herausragende Rolle, denn während im Sommer leicht alles Nötige von den Feldern geerntet werden kann, muss man im Winter auf Vorräte zurückgreifen können. (Siehe auch L 5: Versorgung.)

9 Maße, Gewichte, Zeitangaben

Als Maße werden genannt: der *digitus* (Zoll), etwa 2 cm, der *pes*, etwa 30 cm, und der *passus*, etwa 1,5 m lang, sodass die Längenangabe *mille passus* einer römischen Meile = 1,5 km entspricht.

Das römische Pfund *(libra)* hat, auf heutiges Maß umgerechnet, ein Gewicht von 327,45 g.

Die Zeit von Sonnenaufgang bis Sonnenuntergang wurde in zwölf gleiche Einheiten eingeteilt, sodass sich je nach der Jahreszeit Stunden unterschiedlicher Länge ergaben. Die Nachtstunden wurden in vier gleiche Teile geteilt und nach Nachtwachen als *prima, secunda, tertia* und *quarta vigilia* bezeichnet. Auch sie unterlagen naturgemäß jahreszeitlich bedingten Schwankungen.

Für die Zeitmessung wurden Sonnen- und Wasseruhren verwendet, die allerdings nie eine exakte Zeitbestimmung zuließen.

10 Informationen zur feindlichen Bevölkerung

Caesars Informationsinteresse geht über die rein militärisch relevanten Daten weit hinaus. Staatliches und Privates interessieren ihn ebenso wie Details zur Religion.

Auch wenn man nicht auf die großen Exkurse über Sueben (b. G. 4,1ff), Germanen (b. G. 6,11–27) oder Britannier (b. G. 5,12–14) abstellt, findet man in allen Büchern zahlreiche, oft nur kleine Exkurse zu dieser Thematik, so etwa die Ausführungen über den Vergobret (b. G. 1,16,5); die Erläuterungen des Haeduers Diviciacus zu den innenpolitischen Verhältnissen Galliens und über Ariovist (b. G. 1,31,3ff); Angaben über den Brauch der Germanen, bei Vollmond nicht zu kämpfen (b. G. 1,50,4f), über die Bedeutung der Nervier (b. G. 2,15,3ff), der Belger (b. G. 2,4,2–10), der Atuatuker (b. G. 2,29,3–5), der Veneter (b. G. 3,8–13); darüber, wie sich die Gallier informieren (b. G. 4,5), wo sie ihre Wohnplätze anlegen (b. G. 6,30); usw.

Abgesehen von den großen Exkursen sind all diese Angaben mit dem militärischen Geschehen eng verknüpft und werden dem Leser in dem Moment der Erzählung gegeben, wo sie für das Verständnis des Geschehens im Sinne Caesars nötig sind. (Siehe auch I 2: Auswahl der Fakten.)

11 Das Heer auf dem Marsch

Um Informationen über das Land, durch das man zog, und über Aktionen der Feinde zu erhalten, wurden einzelne Späher *(speculatores)* oder größere Patrouillen *(exploratores)* dem Heer vorausgeschickt. Das Heer selbst marschierte in drei Abteilungen: Vorhut *(agmen primum)*, die aus Reiterei *(equitatus)* und Leichtbewaffneten *(expediti)* bestand, Haupttheer *(agmen)* und Nachhut *(agmen novissimum)*.

Die gewöhnliche Marschleistung *(iter iustum)* betrug bei guten Wegen etwa 20 bis 30 km pro Tag (siehe auch L 12: Marschgeschwindigkeit). Der Soldat musste während des Marsches seine Waffen und das Gepäck *(sarcinae)* tragen: eine Proviantration für mehrere Tage, Koch- und Essgeschirr sowie Schanzwerkzeug. So bepackt heißt er *impeditus*. Das Gepäck hatte zur Zeit Caesars ein Gewicht von rund 20 kg und wurde in einem an Stangen befestigten Rucksack getragen.

Am späten Nachmittag wurde ein Lager errichtet (siehe L 13: Das Lager), eine Arbeit, die in wenigen Stunden geleistet werden musste. Nach der Anlage des Lagers wurde gegessen, d. h. zunächst gekocht, denn eine Verpflegung der Soldaten durch eine zentrale Feldküche war in der Antike unbekannt, und so musste jeder Soldat sich selbst beköstigen. Das Essen war eintönig, aber hochwertig. Es bestand in der Hauptsache aus Getreide und wurde als Brot oder warme Mehlspeise gegessen. Fett, Käse und Wein waren selten, Fleisch galt als Mangelnahrung (b. G. 7,17,3). Die Kosten für das Essen wurden vom Sold abgezogen.

Die Nacht begann mit der *prima vigilia* und war mit dem Beginn des nächsten Morgens nach etwa sieben Stunden Schlaf beendet. Am nächsten Tag brach man, wenn man weitermarschieren musste, das Lager ab. Die erste Mahlzeit *(prandium)* wurde, wie bei den Römern üblich, erst am späten Vormittag oder mittags eingenommen, danach folgte abends die Hauptmahlzeit *cena*.

12 Marschgeschwindigkeit

Man unterschied im römischen Heer drei Marschgeschwindigkeiten: *iter iustum*, normale Marschgeschwindigkeit (bei guten Wegen etwa 20 bis 30 km pro Tag), *iter magnum*, Eilmarsch (bis 80 km pro Tag) und *iter maximum*, Gewaltmarsch (bis 140 km und mehr pro Tag).

Zu vergleichbaren Leistungen waren weder Kelten noch Germanen in der Lage. Die hohe Kondition seiner Soldaten sichert Caesar deshalb einen wichtigen militärischen Vorteil, den er gezielt auszunutzen versteht. (Siehe auch L 21: Römische Überlegenheit im Krieg.)

13 Das Lager (Abb.: s. S. 26)

a) Typen: Man hat zwei Typen zu unterscheiden: das Winter- *(hiberna)* und das Sommerlager, meist nur *castra* genannt, das weniger stark befestigt und nur mit Zelten (aus Leder) bestanden war, während die Soldaten im Winterlager in festen Holzbaracken untergebracht waren.

Das Lager ist eine von den Griechen übernommene und für römische Kriegsführung charakteristische Anlage, die mit Caesar auch bei den Kelten üblich wird, während Germanen sich mit natürlich geschützten Orten, etwa einem Fluss, begnügen, was den Römern einen entscheidenden militärischen Vorteil sichert.

Je nach Anzahl der Soldaten schwankt auch die Größe des Lagers. Für ein Lager, das zwei Legionen, also alles in allem vielleicht 7000 bis 8000 Mann aufnehmen soll, muss man als Fläche ca. 400 x 400 m ansetzen.[17] Manche Lager waren auch rechteckig.

b) Platzwahl und Aufbau: Die Wahl des Platzes erfolgte durch einen Vermessungstrupp. Niedrige, zum Feind hin sanft abfallende Hügel, die nach allen Seiten hin Ausblick gewährten, waren bevorzugte Bauplätze. Ebenfalls musste eine Versorgung mit Wasser, Holz und Grünfutter für die zahlreichen Tiere gewährleistet sein.

Der Aufbau begann mit der Festlegung der Lage des Feldherrnzelts *(praetorium)* und der Frontrichtung. Mit Hilfe eines achtstrahligen Visierinstruments *(groma)* wurden anschließend die verschiedenen Teile des Lagers bestimmt und vermessen. Die innere Gliederung des Lagers wurde durch Speere, die Hauptpunkte des Lagers durch Fahnen unterschiedlicher Farbe markiert. Die nachfolgenden Truppen konnten nun unverzüglich mit dem Lagerschlag beginnen: Ausheben eines 3,5 bis 5 m breiten und 3,5 m tiefen Grabens *(fossa)*; Aufschüttung des Aushubs zur Lagerseite, Errichten eines Palisadenzauns auf dem so entstandenen *vallum*, das dann etwa 4 m Höhe maß; Bau der vier Tore mit den beiden Haupttoren *porta praetoria* (zum Feind hin ausgerichtet) und *porta decumana* (gegenüber, zur Versorgung, aber auch zur Flucht); Bau der Straßen, die das Lager rechtwinklig durchzogen; Aufstellen der Inneneinrichtung wie Platz für den Kommandanten, Bau eines davor befindlichen Platzes *(forum)* mit erhöhter Stelle *(suggestus)*, von der aus der Feldherr die Soldaten in der Versammlung *(contio)* ansprach, Zelte für die Soldaten, das Lazarett mit der Apotheke etc.

---

[17] Polybios gibt (6,26–32) für ein Lager, in dem 24.000 Mann Unterkunft finden sollen, eine Größe von 660 x 660 m an. Rechnet man diese Größe um auf 8.000 Mann, dann erhält man – konstanten Raumbedarf vorausgesetzt – ca. 400 x 400 m.

Ein solches Lager diente, wenn sich das Heer auf dem Marsch befand, als bloße Unterkunft für eine Nacht oder aber bot Schutz und Operationsbasis im Fall eines Angriffs.

c) Verteidigung des Lagers: Im Fall einer Belagerung wird der Wall des Lagers durch Brustwehren *(loricae)* und Zinnen *(pinnae)* verstärkt. Darüber hinaus werden auf dem Wall Holztürme *(turres)* errichtet, die wohl noch durch Galerien *(pontes)* miteinander verbunden waren.

d) Der Ausbruch *(eruptio)* aus dem Lager geschieht entweder aus den beiden Seiten- oder aus allen Toren. Der Ausbruch dient entweder dem Zweck, den Feind überraschend *(subito)* und mit großer Wucht *(summa vi)* einzukreisen (z. B. b. G. 3,6 oder 5,22) oder aber, unter Aufgabe des Trosses, sich aus einer aussichtslosen Lage zu befreien und sein Heil in der Flucht zu suchen (z. B. b. G. 3,3).

14 acies

Die gewöhnliche Aufstellung der Legion ist die *acies triplex*, die Aufstellung „in drei Treffen". Dabei bilden die vier ersten Kohorten das Vordertreffen und je drei das Mittel- und das Hintertreffen. Nur einmal im „Gallischen Krieg" (b. G. 3,24) wird die *acies duplex* erwähnt, bei der in jeder Reihe fünf Kohorten stehen.

Andere Aufstellungen sind a) der *cuneus*, Keil, der gebildet wird, um feindliche Linien zu durchbrechen, b) die *testudo*, Schildkröte, bei der das erste Glied sich mit den Schilden nach vorn deckt, während alle anderen ihre Schilde über den Köpfen halten. Diese Aufstellung ermöglicht das Vorrücken gegen verteidigte Punkte wie Mauern und Türme. Im „Bellum Gallicum" meint *testudo* nur gelegentlich (etwa b. G. 2,6) diese Aufstellung, sondern bezeichnet zumeist ein hölzernes Schutzdach (siehe L 16c: oppugnatio), c) der *orbis*, Kreis, der gebildet wird, um einem Angriff von allen Seiten her standzuhalten, d) die *phalanx*, die dichtgedrängte Schlachtreihe, bei der die Schilde der Soldaten sich an den Seiten überlappen (b. G. 1,25), eine Kampfformation, die nur die Kelten praktizieren und die von den Römern als zu schwerfällig bereits aufgegeben war.

15 Das Reitergefecht

Das Reitergefecht *(proelium equestre)* hat eher plänkelnden Charakter. Es findet oft vor der eigentlichen Schlacht und zwischen den Fronten (b. G. 2,9) statt. Es dient der Feindberührung und einem ersten Kräfte-

messen (b. G. 2,8 oder 7,36). Beim entscheidenden Kampf um Alesia kommt der – germanischen – Reiterei eine herausragende Rolle zu.
Bedeutung und Kampftechnik der suebischen Reiterei schildert Caesar b. G. 4,2.

16 Angriff auf feste Plätze (Lager, Städte)
Man unterscheidet drei Vorgehensweisen:

a) Die **Erstürmung** *ex itinere* erfolgt sofort nach der Ankunft und ohne alle Vorbereitung: Die Gräben werden mit Erde, Reisig etc. ausgefüllt, die Tore erbrochen, die Wälle eingerissen bzw. die Mauern erstiegen.

b) Bei der ***obsessio*** bzw. ***obsidio*** wird der Platz mit Schanzlinien vollständig eingeschlossen *(circumvallare)* und die Schanzlinien werden durch Bastionen *(castella)* verstärkt, um einen Ausbruch der Feinde zu verhindern. Die *obsidio* soll den Feind von jeder Versorgung abschneiden und ihn aushungern. Eine riesige Anlage dieser Art, die im Auftrag Napoleons III. ausgegraben wurde, findet sich um die Stadt Alesia. Die Stadt war von einem 16 bis 17 km langen Ring von Feldbefestigungen eingeschlossen. In diesen Linien wurden Schanzen errichtet, hinter ihnen finden sich größere Lager für Infanterie und Kavallerie. Um diesen Ring herum war eine zweite, nach außen gerichtete Befestigungsanlage von 21 km Umfang gezogen, die die Gegner am Versuch, die Stadt zu entsetzen, hindern sollte.

c) Die ***oppugnatio*** (s. Abb. S. 30) ist nötig bei Plätzen, die gut gegen den Feind gesichert sind und über große Vorräte verfügen, jedoch nicht sinnvoll bei solchen wie etwa Gergovia, das, auf einem 800 m hohen Plateau gelegen, uneinnehmbar war und nur durch eine *obsessio* zur Aufgabe hätte gezwungen werden können.
Die *oppugnatio* wird vorbereitet, indem man den Platz – wie bei der *obsessio* – vollständig mit Schanzlinien einschließt; außerdem wird aus größerer Entfernung ein Belagerungsdamm errichtet *(aggerem exstruere/ iacere)*, um das Gelände bis zur feindlichen Mauer zu planieren.[18] Dabei werden die Unebenheiten des Geländes durch Holzterrassen ausgeglichen, die – zum Schutz gegen Brandgefahr – noch mit Rasenziegeln *(caespites)* abgedeckt werden. Gleichzeitig errichtet man

---

(18) Das Einschließen durch Schanzlinien dauert, je nach Umfang, unterschiedlich lange; b. G. 7,11,1 gibt Caesar bei der Belagerung von Vellaunodunum dafür zwei Tage an. – Ein agger ist z. B. b. G. 7,24,1 rund 100 m breit und 24 m hoch.

riesige sog. Wandeltürme aus Holz *(turres ambulatoriae,* meist nur *turres* genannt*),* deren Höhe 15 m und mehr beträgt. Diese Türme werden auf dem *agger* aufgestellt und später gegen die Stadt vorgeschoben *(turres ad oppidum agere).* In diesen Türmen befinden sich die schweren Waffen (siehe L 17: Schwere Waffen*),* mit denen die Stadt beschossen wird. Manchmal ist im untersten Stockwerk der Türme auch ein Sturmbock *(aries)* aufgehängt, mit dem man versucht, eine Bresche in die feindliche Mauer zu schlagen, was allerdings wegen der besonderen Bauweise dieser Mauern (b. G. 7,23,5) so gut wie unmöglich war.

Um sich bei den Belagerungsarbeiten und den Annäherungsversuchen gegen feindlichen Beschuss zu sichern, werden *plutei* (bewegliche Schutzwände), *testudines* (Schilddächer) und vor allem *vineae* (Sturmlauben) eingesetzt, leicht gebaute Holzgerüste mit flacher Bedachung und Seitenwänden, die noch mit nassen Fellen verkleidet werden können, um die Gefahr von Brandgeschossen zu mindern. Die *musculi* (fester gebaute Breschhütten) werden im „Gallischen Krieg" nur an einer Stelle erwähnt.

Die *oppugnatio* war etwas typisch Römisches und hat bei den Galliern großen Eindruck gemacht (z. B. b. G. 2,30–31). Die Möglichkeiten, sich gegen eine *oppugnatio* zur Wehr zu setzen, sind denkbar gering. Man muss versuchen, den *agger* oder die Türme in Brand zu setzen, doch das gelingt selten. Einen dieser seltenen Fälle beschreibt Caesar b. G. 7,24. Die *oppugnatio,* wie die Gallier sie durchführen, schildert Caesar b. G. 2,6,2. Dass die Gallier auch von den Römern gelernt haben, zeigt b. G. 5,42 und 7,22,1f.

17 Schwere Waffen

Im „Gallischen Krieg" spricht Caesar nur von *tormenta* und differenziert nicht nach *catapultae* und *ballistae.* Beide Waffen sind Wurfmaschinen, die zu den schweren Waffen gehören. Die *catapultae* schleudern Balken, die *ballistae* Balken und/oder Steine. An einer Stelle (b. G. 7,25) erwähnt Caesar den *scorpio,* eine Art Katapult, mit dem serienweise kleine Pfeile geschossen werden konnten. Die komplizierte Herstellung dieser Waffen (vgl. Vitruv 10,10–15) und wohl auch ihre Bedienung oblag den *fabri.* Nach Vitruv 10,11,3 konnten mit diesen Maschinen zwischen 2 und 360 Pfund schwere Gewichte geschleudert werden, wobei das römische Pfund ein Gewicht von ca. 327 g besaß, sodass die obere Leistungsgrenze bei etwa 118 kg lag.

Der Anfangsdruck auf der Sehne der *ballista* lag bei 12.000 kg und trug einen 2 kg schweren Stein 300 m weit. Ähnliche technische Leistungen waren weder Kelten noch anderen Völkern möglich. Vitruv erklärt deshalb (10,16,1) lapidar, über Mittel, sich gegen solche Maschinen zu verteidigen, brauche er weiter nichts zu sagen. Der Feind baue dergleichen nicht und dessen etwaige Belagerungsmaschinen könnten meist aus dem Stegreif durch einen klugen Einfall und ohne Einsatz von Maschinen zunichte gemacht werden. Für gewöhnlich wurden die schweren Waffen bei einer Belagerung, selten im Feld eingesetzt.

18 Kriegslisten

In kritischer Situation setzen alle Parteien nicht nur auf die Tapferkeit ihrer Soldaten, sondern auch auf den Erfolg von Kriegslisten. Dazu gehört z. B., dass man sich schwach und furchtsam stellt, um den Gegner zu einer militärischen Fehleinschätzung zu verleiten, die man auszunutzen sucht, indem man etwa plötzlich und mit großer Wucht angreift (b. G. 3,19). Ferner sucht man den Gegner über die wahre Anzahl der Soldaten oder Legionen zu täuschen, indem man die Kohorten neu aufteilt, Hilfstruppen für Arbeiten einsetzt, die sonst nur von kämpfenden Soldaten verrichtet werden, oder das Lager besonders klein anlegen lässt.

Andere Täuschungsmanöver zielen darauf, den Feind durch Fehlannahmen über den Zeitpunkt einer Aktion in die Falle zu locken, wieder andere Aktionen sollen ihn über die Richtung, die man nimmt, täuschen oder überhaupt über die Absicht, die man verfolgt. Dazu werden gezielt Fehlinformationen ausgestreut, wobei man sich auch scheinbarer Überläufer bedient – eine gefährliche Mission, die gut belohnt wurde. Bei all diesen Aktionen kommt Caesar, wie er sagt, sowohl die Leichtgläubigkeit der Gallier als auch ihre Selbstüberschätzung sehr zustatten.

19 Verfolgung der Feinde

Der fliehende Feind wurde, wenn nicht die Pflicht zur Bestattung der eigenen Toten oder schwere Verwundung – wie b. G. 1,26,5 – daran hinderte, augenblicklich von der Reiterei verfolgt und nach Möglichkeit aufgerieben.

20 Die Flotte

Die Flotte *(classis)* bestand aus Kriegsschiffen, die wegen ihrer Länge Langschiffe *(naves longae)* hießen, und Lastschiffen *(naves onerariae)*. Beide Typen sind sowohl zum Segeln als auch zum Rudern eingerichtet und verfügen über nur einen Mastbaum *(malus)* und nur eine Rahe *(antemna)*, an der das Segel *(velum)* befestigt wird.

Die Schiffe werden von unterworfenen Bürgerschaften gestellt oder aber eigens für einen Krieg auf Kiel gelegt.

Die Größe einer Flotte ist nicht festgelegt. Im Veneterkrieg umfasst sie rund 200, im Fall der zweiten Überfahrt nach Britannien etwa 800 Schiffe, wovon die bei weitem meisten Lastschiffe sind. Den Angaben b. G. 5,2,2 nach zu urteilen, könnte das Verhältnis von Last- zu Kriegsschiffen rund 20:1 betragen haben.

Die durchschnittliche Geschwindigkeit der Lastschiffe liegt bei 2–4 Knoten, also etwa 3,75 bis 7,5 km/Stunde, die Kriegsschiffe sind etwas schneller.

Die Bauweise der römischen Schiffe entspricht den maritimen Verhältnissen des Mittelmeeres und ist nicht für die raue See und den Wechsel von Ebbe und Flut berechnet. Nach ersten Erfahrungen versucht Caesar deshalb, sie den neuen Bedingungen anzupassen.

Ihre Besatzung *(classiarii)* setzt sich aus Ruderern *(remiges)*, Matrosen *(nautae)* und Steuermännern *(gubernatores)* zusammen, die meist von Bundesgenossen gestellt werden. Als kämpfende Truppe werden Elitesoldaten der Legion eingesetzt. Das einzelne Schiff untersteht einem *centurio* oder *tribunus*, das Oberkommando hat gewöhnlich ein Legat inne.

Die Kriegsschiffe waren mit einem dreizackingen eisernen Rammsporn *(rostrum)* ausgestattet, der etwa in Höhe der Wasserlinie angebracht war und dazu diente, die feindlichen Schiffe zu durchbohren. Hinzu kommen diverse Geschütze – Schleuder *(fundae)*, Pfeile *(sagittae)* und Wurfmaschinen *(tormenta)* –, deren Geschosse von Türmen aus die feindlichen Schiffe beschädigen sollen. Im Veneterkrieg wird eine von der Mauersichel abgeleitete *falx navalis* eingesetzt, offensichtlich eine Neuentwicklung, mit der es den Römern gelingt, die Taue der feindlichen Schiffe zu kappen und die Segel herunterzureißen.

Außerdem sind die Schiffe ausgerüstet mit Enterhaken und -brücke, die es den Soldaten erlauben, die feindlichen Schiffe zu besteigen. Livius charakterisiert deshalb 36,44,9 den Kampf zur See als infanterieähnlich. Eine speziell auf den Seekampf zugeschnittene Strategie und Taktik war der Antike unbekannt.

21 Römische Überlegenheit im Krieg

Römische Überlegenheit im Krieg gründet sich weniger auf soldatische Tapferkeit, die auch die Gegner für sich reklamieren können, als vielmehr auf bestimmte Fähigkeiten und Kenntnisse. Das entspricht auch der Einschätzung Vercingetorix', der b. G. 7,29,2 formuliert, die Römer hätten nicht in offener Schlacht und nicht wegen ihrer Tapferkeit, sondern auf Grund gewisser Kunstfertigkeiten gesiegt, und in diesem Zusammenhang von der Technik der *oppugnatio* (siehe L 16c: oppugnatio) spricht.

In der Tat kann man gerade am Beispiel der *oppugnatio* den Grund römischer Überlegenheit besonders gut verdeutlichen. Die *oppugnatio* setzt bekanntlich den Bau einer Rampe *(agger)* voraus und erfordert sowohl eine exakte Landvermessung und entsprechende Präzisionsinstrumente als auch ein hohes Maß an Logistik: Bäume müssen gefällt, antransportiert, in Balken zerlegt, zu einem Gerüst zusammengebaut, Erde muss herangeschafft und verfüllt werden, während auf dem nach und nach entstehenden Damm die Türme und anderes Belagerungsgerät errichtet wird, eine Arbeit, die ihrerseits Spezialkenntnisse voraussetzt (siehe L 17: Schwere Waffen). Gleichzeitig muss der Bau militärisch gesichert und gegen etwaige Angriffe verteidigt werden. Auch unterliegt die Arbeit an der Schanze einem hohen Zeitdruck, was Disziplin, gute Zusammenarbeit und viel Routine voraussetzt.

Wie tief solche Fähigkeiten und Kenntnisse den Gegner beeindrucken, davon legen u. a. die Atuatuker (b. G. 2,31) Zeugnis ab: Als sie sehen, wie sich der Belagerungsturm gegen alle Erwartung in Bewegung setzt, glauben sie die Götter am Werk und ergeben sich kampflos. Caesar weiß um diese Wirkung und setzt sie ganz bewusst – etwa bei der Rheinüberquerung – ein: Die Flotte der Ubier, die ihm angeboten wird, lehnt er ab, denn er weiß, dass nur eine Demonstration technologischer Überlegenheit die Germanen von einer weiteren Rheinüberquerung abhalten wird, und auch hier setzt er zudem auf Schnelligkeit der Durchführung.[19]

Durch Schnelligkeit, so führt Caesar (b. G. 7,12,3) aus, habe er das meiste erreicht. Doch die römischen Soldaten sind nicht nur in der Lage, für kurze Zeit viel Energie zu entfalten. Ein wesentliches Merkmal ist ihre eiserne Entschlossenheit und ihr Durchhaltevermögen gegen alle Widerstände, Unbilden und auch Niederlagen. Beispiele dafür liefern etwa der Gewaltmarsch zu Beginn des Helvetierkrieges (b. G. 1,10,3), der zermürbende Krieg gegen die Veneter (b. G. 3,12ff), der Marsch durch das tief verschneite Cevennengebirge (b. G. 7,8) oder der erbitterte Kampf um Avaricum und Alesia und nicht zuletzt die Niederlage bei Gergovia.

---

(19) Von der Schnelligkeit beeindruckt zeigen sich auch die Helvetier (b. G. 1,13,2): Als sie feststellen müssen, dass es Caesar gelingt, die Saône innerhalb eines einzigen Tages zu überschreiten, während sie dasselbe nur mit Mühe in zwanzig Tagen zuwege gebracht haben, nehmen sie Verhandlungen mit ihm auf.

22 Kriegsbeute

Die Kriegsbeute *(praeda)* umfasst Menschen ebenso wie Immobilien, alle bewegliche Habe und das Privatvermögen, ferner den Staatsschatz, Kriegsgerät und Schiffe. Die Immobilien werden römisches Staatseigentum *(ager publicus)*. Alles andere wird Privatbesitz des Feldherrn, der – wohl nach Gutdünken – einen Teil davon wieder an die Staatskasse abführt. Auch eine Beteiligung der Soldaten an der Kriegsbeute ist in das Ermessen des Feldherrn gestellt. Caesar war in dieser Hinsicht als besonders großzügig bekannt: Offiziere, die unter ihm dienten, konnten sicher sein, in kurzer Zeit ein Vermögen zu machen. Ihm selbst gelang es, nicht nur alle Schulden, die er während seines Konsulats auf sich geladen hatte, zu tilgen, sondern als schwerreicher Mann aus Gallien zurückzukehren.[20]

23 praemia

Den karg bemessenen Sold des einfachen Soldaten besserten sein Anteil an der Beute (siehe auch L 22: Kriegsbeute) und gelegentliche Belohnungen in Geld auf. Solche *praemia* werden ausgesetzt z. B. als Kopfgeld auf einen Stammesfürsten (b. G. 5,58) oder als Lohn für die Übernahme einer gefährlichen Mission (b. G. 3,18 und 5,48). Auch die rasche Ersteigung einer feindlichen Mauer (b. G. 7,27) oder andere besondere Leistungen (b. G. 3,26) werden so belohnt. Pauschal *pro tanto labore* zahlt Caesar (b. G. 8,4) jedem einfachen Soldaten 200 und jedem Zenturionen mehrere tausend Sesterzen – nur hier sind annähernd konkrete Zahlen genannt; die Summen dürften angesichts großer Gefahr (wie etwa b. G. 3,18 oder 5,48) im Einzelfall aber beträchtlich gewesen sein. Gratifikationen dieser Art mussten aus dem Privatvermögen des Feldherrn bestritten werden.

24 Auszeichnungen

Sie bestehen aus Halsketten, Medaillen, Ehrenwaffen, Ehrenkränzen für die Rettung eines Bürgers in der Schlacht oder für die Besteigung einer feindlichen Stadtmauer etc.; im „Bellum Gallicum" nicht weiter erwähnt.

---

(20) Den Hauptteil seiner Beute machte Caesar durch Plünderung der Schatzkammern der Tempel.

25 Dankfest / *supplicatio*

Bei den Dankfesten, die Caesar erwähnt, handelt es sich um religiöse Feierlichkeiten, die in Zeiten besonderer Bedrängnis oder Freude vom Senat für einen oder mehrere Tage beschlossen wurden. Für die Dauer der *supplicatio* sind die Tempel geöffnet, damit Männer und Frauen in ihnen Wein- und Weihrauchopfer darbringen können. Zur Zeit Caesars hat die *supplicatio* ihren religiösen Charakter bereits weitgehend verloren und ist zur bloßen Siegerehrung geworden. Die Dauer der Dankfeste, die Caesar erwähnt, ist ungewöhnlich lang: b. G. 2,35 werden fünfzehn Tage, b. G. 4,38 und b. G. 7,90 sogar zwanzig Tage genannt, was – wie Caesar (b. G. 2,35) nicht ohne Stolz hervorhebt – zuvor noch keinem zuteil geworden sei.

26 Triumph / *triumphus*

Der Triumph ist die höchste Ehrung eines siegreichen Feldherrn und als Sieges- und/oder Reinigungsfeier zu verstehen. Nach Livius (38,47,5) ist ein *bellum iustum* (siehe D 3: bellum iustum) Voraussetzung für einen Triumph. Die Entscheidung über das Recht auf einen Triumph traf, nach Akklamation durch das Heer, der Senat, der auch den finanziellen Aufwand festsetzte, den der Triumphator dafür einsetzen durfte, um seinen persönlichen Ruhm zu feiern.

Bedingt durch den Bürgerkrieg, der 49 v. Chr. ausbricht, konnte Caesar seinen Triumph über Gallien erst im Jahre 46 v. Chr. abhalten. Er empfing Ehrungen und die Diktatur für 10 Jahre, 45 v. Chr. sogar auf Lebenszeit.

M Personen

Acco, ein Fürst der Senonen. 53 v. Chr. „verschwört" er sich mit den Carnuten. Beim überraschenden Eintreffen der römischen Truppen ergeben sich die Senonen. Acco wird als Haupt der Verschwörung „*more maiorum*" (b. G. 6,44,2) hingerichtet. Sein Tod löst bei allen gallischen Führern große Angst vor einem ähnlichen Schicksal aus.

Ambiorix, neben Catuvolcus der zweite König der Eburonen. Caesar befreit ihn aus seiner Abhängigkeit von den Atuatukern und sorgt dafür, dass auch der Sohn und der Neffe des Ambiorix aus ihrer Geiselhaft befreit werden, doch Ambiorix bleibt feindlich gesinnt. Durch eine List gelingt es ihm 15 römische Kohorten unter dem Befehl des Sabinus und Cotta aus dem Winterlager zu locken und bis auf einen kleinen Rest von wenigen Mann niederzumachen – die schwerste Niederlage, die die Römer im Gallischen Krieg hinnehmen mussten. Durch diesen Sieg ermutigt, greift er kurz darauf das Winterlager Ciceros an und kann erst nach langem Ringen abgewehrt werden. Er steht auf gutem Fuß mit den Menapiern und Treverern, weshalb Caesar seine Truppen zuerst gegen sie und später gegen Ambiorix führt. 53 überrascht Caesar ihn in den Ausläufern der Ardennen. Ambiorix verliert sein ganzes Kriegsgerät, Wagen und Pferde. Er selbst rettet sich mit nur vier Reitern in die Wälder. Trotz aller Anstrengungen kann er nicht gefasst werden. (Vgl. G, die Ereignisse der Jahre 54 und 53 v. Chr.)

Antonius, M. (82–30), entstammt einer plebejischen Familie, die vom 5. Jahrhundert v. Chr. bis zum Ausgang der Antike nachweisbar ist. Nach einer ausschweifenden Jugend dient er 57–55 unter dem Proconsul Gabinius in Palästina und Ägypten als *praefectus equitum*. 54 begibt er sich zu Caesar und legt mit dessen Unterstützung den Grundstein für seine politische Laufbahn. 52 wird er Quaestor und dient bis zum Jahre 50 erneut in Caesars Heer, nun als Unterfeldherr. 50 wird er Augur und tritt im Jahre 49 in seiner Funktion als Volkstribun für Caesar ein. 48 unterstützt er ihn gegen Pompeius im Kampf auf dem Balkan und führt bei Pharsalos den linken Flügel. 48/47 ist er Caesars *magister equitum*. 44 bekleidet er zusammen mit ihm das Konsulat. Am Lupercalienfest desselben Jahres unternimmt er den Versuch, Caesar zu krönen. Beim Attentat auf Caesar ist Antonius nicht zugegen. Im darauf folgenden erneuten Bürgerkrieg spielt er eine der Hauptrollen. Er begeht 30 v. Chr. Freitod, als er die Falschmeldung vom Tod Kleopatras erhält.

Ariovistus, ein Suebe, vermutlich vom Stamm der Triboker. Caesar nennt ihn *rex Germanorum*. Um 71 holen ihn die Sequaner gegen die Haeduer zu Hilfe, die er 61 (bei Magetobriga) besiegt. 60 verheiratet er sich mit der Schwester des Keltenkönigs Voccio von Noricum (etwa heutige Steiermark). Mit Rom schließt er 59 ein Freundschaftsbündnis, für das sich Caesar als Konsul einsetzt. So gestärkt, schickt sich Ariovist an, auf gallischem Boden ein Germanenreich zu errichten und lässt zu diesem Zweck immer mehr Germanen nach Gallien übersiedeln. 58 sollen es 120.000 gewesen sein. Nachdem sich Caesar durch den Krieg gegen die Helvetier in gallische Angelegenheiten eingemischt hat, kommt es zum Interessenkonflikt zwischen ihm und Ariovist. Nachdem diplomatische Versuche gescheitert sind, schlägt Caesar ihn im Herbst 58 in der Gegend von Mühlhausen. Ariovist flieht über den Rhein und stirbt bald darauf. (Siehe auch B 4: Caesars Auseinandersetzung mit Ariovist.)

Aurunculeius Cotta, entstammt einer Plebejerfamilie. Seit spätestens 57 ist er Unterfeldherr Caesars. Im Winter 54/53 fällt er im Kampf gegen Ambiorix. Er war Verfasser eines (nicht überlieferten) historischen Werks über Caesars Britannienfeldzug.

Brutus, D., ein junger Offizier in Caesars Heer, kommandiert im Krieg gegen die Veneter eine Flotte und kämpft vor Alesia. Später verwaltet er Gallia ulterior und auch Gallia Cisalpina. Sehr spät wendet er sich von Caesar ab und schließt sich den Verschwörern an, ist jedoch nicht identisch mit dem gleichnamigen Anführer der Caesarmörder.

Cassius Longinus, er war 107 Konsul und fiel im Kampf der Römer gegen die Tiguriner, einen Stamm der Helvetier; sein Heer wurde geschlagen und unter das Joch geschickt. Diese Niederlage nennt Caesar b. G. 1,7,4 als einen der Gründe, den Helvetiern den Durchzug durch die Provinz zu verweigern.

Cassivellaunus, Oberkönig in Cantium (Kent), 54 Anführer im Kampf der Britannier gegen Caesar. Im Friedensvertrag von 54 muss er sich zu Tributzahlungen bereit erklären und die Unabhängigkeit der von ihm abgefallenen Trinovanten anerkennen.

Catamantaloedes, vor Caesars Ankunft in Gallien König der Sequaner.

Catuvolcus, neben Ambiorix einer der Führer der Eburonen und König des mittleren Teils des Eburonenlandes. 54 erhebt er sich gemeinsam mit Ambiorix gegen Caesar. 53, als Ambiorix flieht und die Eburonen zu keiner Gegenwehr mehr in der Lage sind, vergiftet sich Catuvolcus unter Verwünschungen gegen Ambiorix mit Taxus (b. G. 6,31,5).

Cavarinus, ein adliger Senone und Mitglied des dortigen Herrscherhauses. Auf Caesars Veranlassung löst er seinen Bruder Moritasgus in der Herrschaft ab, muss aber 54 vor einem Attentat außer Landes fliehen.
Celtillus, ein vornehmer Arverner, Vater des Vercingetorix. Seine Macht reichte über ganz Gallien (b. G. 7,4,1). Als er die Königswürde anstrebt, wird er ermordet.
Cicero, Q. Tullius, Bruder des berühmten Redners Cicero, Unterfeldherr im Heer Caesars. 54 zeichnet er sich im Kampf gegen die mit Ambiorix verbündeten Nervier aus. 53 wird sein Lager (Atuatuca) von plündernden Sugambrern angegriffen, 52 ist er bei den Haeduern stationiert und soll den Nachschub sichern.
Cingetorix, ein Fürst der Treverer, Schwiegersohn des Indutiomarus und dessen Rivale. 54 unterwirft er sich den Römern und steht seitdem auf Caesars Seite. 53 wird er deshalb von Indutiomarus zum Staatsfeind erklärt. Nach dem Sieg Caesars über die Treverer setzt Caesar ihn als Herrscher über sein Volk ein.
Clodius, ein berüchtigter Volkstribun mit ausgeprägtem Hang zu Aufruhr und Quertreibereien, Gefolgsmann Caesars, terrorisierte Rom mit seinen Banden und starb 52 im Kampf gegen die Banden Milos (b. G. 7,1,1). Cicero zeichnet ihn in seiner Verteidigungsrede für Milo als Schreckgespenst.
Commius, ein Atrebate, den Caesar 57 dort als König einsetzt. Wegen seiner Treue, Klugheit und Tapferkeit von Caesar geschätzt, wird er 55 in diplomatischer Mission zu den Britanniern geschickt. 53 wird er mit einer Reiterei bei den Morinern stationiert, die Caesar ihm aus Dank für seine treuen Dienste wohl noch im selben Jahr unterstellt. 52 fällt Commius von Caesar ab und nimmt am Kampf um Alesia und 51 an der Erhebung der Bellovaker teil. Caesar plant, ihn ermorden zu lassen, doch Commius überlebt den Anschlag. Nach b. G. 8,47f ergibt er sich M. Antonius unter der Bedingung, nie wieder einen Römer sehen zu müssen, und gründet im Südosten Britanniens ein eigenes Königreich (Frontin 2,13).
Convictolitavis, ein adliger junger Haeduer, der 52 mit Cotus um die Macht rivalisiert, von Caesar als König bestimmt. Bald darauf lässt er sich von den Arvernern mit Geld bestechen und zettelt eine Verschwörung gegen Caesar an. b. G. 7,42,4 „treibt er das Volk zur Raserei" und lässt römische Bürger überfallen.
Cotta *siehe* Aurunculeius
Crassus *siehe* Licinius
Critognatus, ein vornehmer und angesehener Arverner, der 52 in Alesia jede Verhandlung mit den Römern ablehnt.

Diviciacus, Fürst der Haeduer, Bruder des Dumnorix, 61 v. Chr. Führer einer Gesandtschaft, die die Römer – ohne Erfolg – um Hilfe gegen die Sequaner und Ariovist bat. 58 ruft er Caesar gegen die Helvetier und Ariovist zu Hilfe. Seine romfreundliche Politik wird von seinem Bruder Dumnorix sabotiert. Als Caesar ihn zur Rechenschaft zieht, dann aber begnadigt, unterstützt Diviciacus Caesar im Kampf gegen die Germanen und 57 gegen die Belger. Auf seine Bitte werden die Bellovaker, die in Klientel mit den Haeduern leben, begnadigt. Nach 57 wird er nicht mehr erwähnt – vermutlich ist er bald darauf gestorben.

Dumnorix, ein adliger Haeduer, der sich 58 mit Orgetorix verbündet und dessen Tochter heiratet. Durch seine Vermittlung gewähren die Sequaner den Helvetiern freien Durchzug. Er hintertreibt die römerfreundliche Politik seines Bruders Diviciacus, mit dem er politisch rivalisiert. Caesar schaltet ihn schon 58 durch kluge Politik weitgehend aus, sieht in ihm aber noch 54 eine Gefahr, weshalb er vor allem ihn auf seine Fahrt nach Britannien mitnehmen will. Als Dumnorix versucht, sich mit seiner Reiterei abzusetzen, lässt ihn Caesar verfolgen. Dumnorix widersetzt sich der Gefangennahme und wird erschlagen.

Eporedorix (1) ein Fürst der Haeduer und ihr Anführer im Kampf gegen die Sequaner um die Vorherrschaft in Gallien; 52 gerät er in römische Gefangenschaft (b. G. 7,67,7).

(2) ein junger Adliger, evtl. der Sohn von (1), einer der Führer der Haeduer. Er rivalisiert (b. G. 7,38ff) mit Viridomarus um die Macht und deckt Caesar die Verschwörung des Litaviccus auf, wendet sich aber bald von Caesar ab und ist für das Gemetzel in Noviodunum mitverantwortlich. Von Vercingetorix mit führenden Aufgaben betraut.

Galba, Ser. Sulpicius, 57 Kommandant der 12. Legion, kämpfte gegen Alpenvölker.

Indutiomarus, ein Fürst der Treverer. 54 schließt er sich widerstrebend der römerfreundlichen Politik seines Schwiegersohns und Konkurrenten Cingetorix an, der deshalb von Caesar bevorzugt wird. Indutiomarus verliert dadurch an Macht und ist Caesar gram. Mit seinen Anhängern schließt er sich kurz darauf den aufständischen Eburonen an, zieht sich aber nach Caesars Sieg über sie fluchtartig zurück. Den Winter 54/53 nutzt er, um Bündnispartner zu gewinnen. Die Germanen weisen ihn ab, doch erhält er Unterstützung bei den Kelten. Er marschiert mit seinen Truppen zum Winterlager des Labienus und wird nach dem überraschenden Ausbruch der römischen Reiterei auf der Flucht getötet.

Labienus, T. (um 99–45); als Volkstribun im Jahre 63 vertrat er mehrfach die Interessen Caesars, war aber auch Pompeius verbunden.

Von Caesar wurde er durch die *lex Vatinia* zum *legatus pro praetore* ernannt und diente 58–50 unter ihm. In vielen Kämpfen erwies er sich als hervorragender Offizier, den Caesar daher oft mit einem eigenständigen Kommando betraut. 50 vertritt er Caesar bei der Verwaltung von Gallia Cisalpina, schließt sich aber – vielleicht aus Gründen der Gefolgschaftstreue – 49 Pompeius an und kämpft mehrfach gegen Caesar. Er fällt am 17. März 45 in der Schlacht bei Munda.

Licinius (1) Crassus, M., Sohn des Triumvirn und Quaestor im Heer Caesars, wird 54 bei den Bellovakern stationiert und unterstützt Caesar im Kampf gegen Nervier und Menapier.

Licinius (2) Crassus, P., Bruder von (1), *praefectus equitum* der 7. Legion, kämpft 58 gegen Ariovist, 57 gegen die Veneter und andere Seestaaten, wo er 57/56 überwintert. 56 unterwirft er Aquitanien.

Litaviccus, ein adliger junger Haeduer, der sich 57 von Convictolitavis mit Geld zu einer Verschwörung gegen Caesar bestechen lässt. Um keinen Verdacht zu erregen, wird er zum Führer der 10.000 Mann bestellt, mit denen die Haeduer Caesar unterstützen sollten. Unterwegs verbreitet er das Gerücht, die ganze Reiterei sei von den Römern getötet und die beiden Adligen Eporedorix und Viridomarus von Caesar ohne Verhör hingerichtet worden. Caesar bekommt Wind von der Verschwörung und eilt dem Heer des Litaviccus entgegen. Als sich dort die tot geglaubten Führer zeigen, fliegt der Betrug auf. Die Soldaten ergeben sich, Litaviccus flieht mit seinen Gefolgsleuten zu Vercingetorix. Später findet er Aufnahme in Bibracte, wo sich auch Convictolitavis und ein großer Teil des aufständischen Senats eingefunden haben.

Lucterius, ein Führer aus dem Stamm der Cadurker, der 52 von Vercingetorix damit beauftragt wird, die Rutener zu bedrohen, um sie in den Aufstand einzubeziehen. Danach lässt er sich auch von Nitiobrogen und Gabalern Geiseln stellen und schickt sich an, in das Gebiet der Gallia Narbonensis einzufallen. Er wird durch Caesar abgewehrt. 51 paktiert er mit dem Senonen Drappes und schickt sich erneut an, die Provinz anzugreifen, zieht sich aber angesichts der Präsenz römischer Truppen wieder in sein Stammesgebiet zurück. Er fasst Fuß in Uxellodunum, einer Stadt, die in Klientel mit den Cadurkern lebt. Aus Angst, Uxellodunum könnte dasselbe Schicksal erleiden wie Alesia, sucht er möglichst viel Vorräte zu beschaffen. Dabei wird er von Caninius angegriffen und flieht mit einigen wenigen Getreuen. Bald darauf gerät er in die Gewalt des Arverners Epasnactus, der ihn ohne Zögern Caesar ausliefert.

Marius, C. (158/157–86), nach seinem Sieg über Kimbern und Teutonen als „dritter Gründer Roms" gefeiert, siebenmal Konsul. (b. G. 1,40,5)

Orgetorix, ein adliger Helvetier, zettelt 61 eine Verschwörung des Adels an und überredet sein Volk, sich bei den Santonern im Südwesten Galliens anzusiedeln. Bestrebt, sich eine führende Rolle in Gallien zu erobern, verbündet er sich noch im selben Jahr mit dem Sequaner Casticus und dem Haeduer Dumnorix. Deshalb von den helvetischen Behörden angeklagt und mit dem Tod auf dem Scheiterhaufen bedroht, versucht er anfangs, sich unter Aufbietung seiner zahlreichen Anhängerschaft dem Prozess zu entziehen, begeht aber schließlich wohl Selbstmord.

Pompeius, Cn. P. Magnus (106–48), bedeutender römischer Feldherr; verbündet sich 60 mit Caesar und Crassus (1. Triumvirat); 59 verheiratet Caesar ihn mit seiner Tochter Iulia. 56 Erneuerung des Dreibunds in Luca. 52 wird er vom Senat zum *consul sine collega* bestellt, um die innere Ordnung wiederherzustellen, gerät allmählich auf die Seite des Senats und wird im Bürgerkrieg Caesars Widersacher. 48 bei Pharsalos besiegt, flieht er nach Ägypten, wo er ermordet wird.

Sabinus siehe Titurius

Tasgetius, Angehöriger einer Dynastie der Carnuten. Wegen seiner römerfreundlichen Haltung und tatkräftigen Unterstützung „in allen Kriegen" (b. G. 5,25,2) setzt ihn Caesar als König ein. Nach zwei Regierungsjahren aber wird er von seinen politischen Gegnern ermordet.

Titurius Sabinus, Q., ein Unterfeldherr Caesars, kämpfte gegen die Belger, Veneter und Veneller, wobei er sich auszeichnete. 55 wird er mit Cotta gegen die Moriner und Menapier in Marsch gesetzt, deren Gebiet er verwüsten lässt. Im Winter 54/53 quartiert er zusammen mit Cotta im Gebiet der Eburonen, wo er von Ambiorix angegriffen wird. Zwar gelingt es, ihn abzuwehren, doch in der Folge lässt er sich – gegen den Widerstand Cottas – von Ambiorix überreden, das Winterlager aus Sicherheitsgründen zu verlegen. Bei dieser Aktion werden 15 Kohorten vernichtend geschlagen. T. selbst wird beim Verhandeln mit Ambiorix erschlagen.

Trebonius, C., 55 Volkstribun, brachte die Gesetze durch, die u. a. für Caesar die Verlängerung seiner gallischen Statthalterschaft bestimmten. Dafür von Caesar mit einer Legatenstelle belohnt, kämpft er 54 bis 49 in Gallien und leitet 49 die Belagerung Massilias. 48 verhilft ihm Caesar zur Prätur. Anfang 47 übernimmt T. die Provincia Hispania ulterior, nimmt am letzten Kampf Caesars gegen die Pompeianer teil und wird 45 *cos. suff.* Als überzeugter Republikaner schließt er sich später den Widersachern Caesars an, ist jedoch an dessen Ermordung nicht unmittelbar beteiligt.

Vercingetorix, ein Arverner, Sohn des Celtill. Empört sich gegen den Willen seines Onkels Gobannitio und des Senats 52 gegen Caesar und wird bald zum – nicht immer unangefochtenen – Führer der aufständischen Gallier. Getrieben von einem leidenschaftlichen Hass auf die Römer organisiert er ein schlagkräftiges Heer und betreibt eine Politik der verbrannten Erde. Als Avaricum nach erbittertem Widerstand fällt, zieht sich Vercingetorix nach Gergovia zurück. Caesar gelingt es nicht, die Stadt zu erobern. Als die Haeduer abfallen, muss Caesar sich von Gergovia zurückziehen. Bei Dijon versucht Vercingetorix, die römischen Truppen einzukesseln, doch das misslingt. Daraufhin zieht er sich nach Alesia zurück, wo er nach erbittertem Widerstand 52 geschlagen wird. Der Aufstand bricht zusammen, Vercingetorix liefert sich aus und wird sechs Jahre später im Triumphzug von 46 mitgeführt und anschließend hingerichtet.

Vertico, ein Nervier von Rang, der 54 zu Cicero überläuft, als dieser von Atuatukern und Nerviern belagert wird. Durch seine Hilfe gelingt es, Caesar über die kritische Lage Ciceros zu unterrichten.

Viridomarus, ein junger Haeduer, den Diviciacus Caesar anvertraut. Von diesem gefördert, gewinnt er trotz seiner wohl nichtadligen Herkunft großes Ansehen. Seine angebliche Hinrichtung durch Caesar, ein Gerücht, das der aufständische Litaviccus verbreiten lässt, ist Anlass für die Erhebung der Haeduer im Jahre 52. Viridomarus schließt sich bald darauf den Aufständischen an und ist mitverantwortlich für das Gemetzel in Noviodunum. Von Vercingetorix wird er mit Führungsaufgaben betraut.

Volusenus, C., ein Militärtribun der 12. Legion, dessen Klugheit und Tapferkeit Caesar hervorhebt. 55 schickt ihn Caesar zu einer Erkundungsfahrt nach Britannien voraus. 53 trifft er mit einer Reiterei bei Cicero in Atuatuca ein. Wahrscheinlich ist er identisch mit C. Volusenus Quadratus, einem Reiteroberst, der 52 von Caesar den Auftrag erhält, den Atrebaten Commius zu ermorden, doch der Anschlag scheitert. Später wird V. im Kampf gegen Commius schwer verwundet. Im Bürgerkrieg steht er auf der Seite Caesars und kämpft 48 als *praefectus equitum* vor Dyrrhachium. Er entgeht einem Anschlag zweier Verräter, die bald darauf zu Pompeius überliefen und sich mit dieser Bluttat Verdienste um Pompeius erwerben wollten. Weitere Lebensdaten sind von ihm nicht bekannt. Vielleicht aber ist er in Anerkennung seines jahrzehntelangen Militärdienstes später von Caesar mit einem Sitz im Senat bedacht worden.

Literaturhinweise (Auswahl)

1: zu den Kapiteln A – L

Kapitel A

B. CUNLIFFE/ E. M. BÜHRER (Hgg.): Die Kelten und ihre Geschichte. Bergisch Gladbach (1980) 6. Aufl. 1996
A. KLOTZ: Geographie und Ethnographie in Caesars Bellum Gallicum. In: Rheinisches Museum 83 (1934), S. 66ff
B. KRÜGER u. a.: Die Germanen. 2 Bde. Darmstadt, 5. Aufl. 1988
A. A. LUND: Zum Germanenbild der Römer. Eine Einführung in die antike Ethnographie. Heidelberg 1990
DERS.: Die Erfindung der Germanen. In: Der Altsprachliche Unterricht XXXVIII/2 (1995), S. 4ff
W. MENGHIN: Kelten, Römer und Germanen. München 1981
I. WERNICKE: Die Kelten in Italien: die Einwanderung und die frühen Handelsbeziehungen zu den Etruskern. Stuttgart 1991
D. M. WILSON: Welt der Germanen, Kelten und Slawen. München 1980
W. M. ZEITLER: Zum Germanenbegriff Caesars. Der Germanenexkurs im sechsten Buch von Caesars Bellum Gallicum. In: Reallexikon der Germanischen Altertumskunde, Erg.-Bd. I, Berlin 1986

Kapitel B

K. CHRIST: Caesar und Ariovist. In: Chiron 4 (1974), S. 251ff
B. FISCHER: Caesar und die Helvetier. Neue Überlegungen zu einem alten Thema. In: Bonner Jahrbücher 185 (1985), S. 1ff
M. GELZER: Caesar. Der Politiker und Staatsmann. 6. Aufl. Wiesbaden 1960, S. 92ff
W. HOFFMANN: Zur Vorgeschichte von Caesars Eingreifen in Gallien. In: Der Altsprachliche Unterricht I/4 (1952), S. 5ff
H. OPPERMANN: Caesar (Rowohlt Bildmonogr.). Hamburg 1968, S. 50ff
J. SABBEN-CLARE: Caesar and Roman politics 60–50 B.C. London 1971
W. WIMMEL: Caesar und die Helvetier. In: Rheinisches Museum 123 (1980), S. 126ff, und 125 (1982), S. 59ff

Kapitel C

H. DAHLMANN: Clementia Caesaris (1934). In: Caesar (WdF 43). Darmstadt 1967, S. 32ff
H. KLOFT: Caesar und die Legitimität. Überlegungen zum historischen Urteil. In: Archiv für Kulturgeschichte 64 (1982), S. 1ff
U. ROSNER: Die Römer als Ordnungsmacht in Gallien. Zu Caesar B. G. VI 11–24. In: Der Altsprachliche Unterricht XXXI/5 (1988), S. 5ff
H. STRASBURGER: Caesar im Urteil seiner Zeitgenossen. 2. Aufl. Darmstadt 1968

D. TIMPE: Caesars Gallischer Krieg und das Problem des römischen Imperialismus. In: Historia 14 (1965), S. 189–214
ST. WEINSTOCK: Divus Iulius. Mit Illustr. Oxford 1971

Kapitel D
R. KLEIN (Hg.): Das Staatsdenken der Römer. (WdF 46). 2. unveränd. Aufl. Darmstadt 1973
J. RÜPKE: Gerechte Kriege – gerächte Kriege. Die Funktion der Götter in Caesars Darstellung des Helvetierfeldzuges, in: Der Altsprachliche Unterricht XXXIII/5 (1990), S. 5ff
E. SIEBENBORN: Bellum iustum. Caesar in der abendländischen Theorie des gerechten Krieges, in: Der Altsprachliche Unterricht XXXIII/5, (1990) S. 39ff
D. TIMPE: Rechtsformen der römischen Außenpolitik bei Caesar, in: Chiron 2, 1972, S. 277ff

Kapitel E
Die Kelten in Mitteleuropa. Ausstellungskatalog. Salzburg 3. Aufl. 1980
H. BIRKHAN: Kelten. Versuch einer Gesamtdarstellung ihrer Kultur. Wien (Akad. d. Wiss.) 1997
K. BITTEL (Hg.): Die Kelten in Baden-Württemberg. Stuttgart 1981
M. CHAPMAN: The Celts – the construction of a myth. New York 1992
H. DANNHEIMER: Das keltische Jahrtausend (Katalog der Ausstellung Rosenheim 1993), Mainz 1993 (Sonderausg. 1997)
J. A. MACCULLOCH: The religion of the ancient Celts. London 1992
B. MAIER: Lexikon der keltischen Religion und Kultur. Stuttgart 1994
J. MARKALE: Die Druiden – Gesellschaft und Götter der Kelten. München 1985
J. MOREAU: Die Welt der Kelten. Stuttgart 1958
F. SCHLETTE: Kelten zwischen Alesia und Pergamon. Leipzig u. a., 4. Aufl. 1984
K. SPINDLER: Die frühen Kelten. Stuttgart 1983

Kapitel F
G. SCHULTE-HOLTEY: Untersuchungen zum gallischen Widerstand gegen Caesar. (Phil. Diss.) Münster 1969

Kapitel G
M. GELZER: Caesar. Der Politiker und Staatsmann. 6. Aufl. Wiesbaden 1960, S. 92ff
M. GRANT: Caesar, Genie, Diktator, Gentleman. Mit Illustr. Hamburg 1970
E. HORST: Julius Caesar. Eine Biographie. Düsseldorf 1980
U. MAIER: Caesars Feldzüge in Gallien (58–51 v. Chr.) in ihrem Zusammenhang mit der stadtrömischen Politik. Bonn 1978 (Saarbrücker Beiträge zur Altertumskunde 29) (Zugl. Überarb. Diss. Freiburg i. Br. 1977)
H. OPPERMANN: Caesar (Rowohlt Bildmonogr.). Hamburg 1968, S. 50ff
J. SZIDAT: Caesars diplomatische Tätigkeit im Gallischen Krieg. Wiesbaden 1970 (Historia Einzelschriften H. 14) (Zugl. Phil. Diss. Berlin)

Kapitel H

W. DAHLHEIM: Gewalt und Herrschaft. Das provinzialische Herrschaftssystem der römischen Republik. Berlin–New York 1977

U. HEIMBERG: Was bedeutet Romanisierung? Das Beispiel Niedergermanien. In: Antike Welt, Zeitschrift für Archäologie und Kulturgeschichte, 29. Jg. 1998, S. 19ff

Kapitel I

F. E. ADCOCK: Caesar als Schriftsteller (Kleine Vandenhoeck-Reihe). Göttingen, 2. durchges. Aufl. 1959

K. DEICHGRÄBER: Elegantia Caesaris. In: Gymnasium 57 (1950), S. 112ff. Wdh. in: Caesar (WdF 43). Darmstadt 1967, S. 208ff

M. ERREN: Einführung in die römische Kunstprosa. Darmstadt 1983, S. 178ff

H.-J. GLÜCKLICH: Soldaten für Caesar? Vier Szenen aus den „Commentarii". In: Der Altsprachliche Unterricht XXXIII/5 (1990), S. 74ff

M. GRANT: Caesar. In: M. G.: Klassiker der antiken Geschichtsschreibung. München 1973, S. 155ff

U. KNOCHE: Caesars commentarii, ihr Gegenstand und ihre Absicht. In: Gymnasium 58 (1951), S. 139–160. Wdh. in: Caesar (WdF 43). Darmstadt 1967, S. 224ff

E. DEMETRIOS KOUTROUBAS: Die Darstellung der Gegner in Caesars Bellum Gallicum. (Phil. Diss.) Heidelberg 1972

D. LOHMANN: Leserlenkung im Bellum Helveticum. Eine ‚kriminologische Studie' zu Caesar, B. G. I 1–18. In: Der Altsprachliche Unterricht XXXIII/5 (1990), S. 56ff

F. MAIER: Herrschaft durch Sprache. Caesars Erzähltechnik im Dienste der politischen Rechtfertigung (B. G. IV 24-31). In: Anregung 33 (1987), S. 146ff

CHR. MEIER: Caesar und der Krieg im Spiegel seiner Commentarii. In: Chr. M.: Caesar. Berlin 1982, S. 309ff

W. RICHTER: Caesar als Darsteller seiner Taten. Heidelberg 1977

O. SCHÖNBERGER: Darstellungselemente in Caesars Bellum Gallicum 7, 25.26. In: Gymnasium 95 (1988), S. 141ff

K. v. SEE: Der Germane als Barbar. In: Jahrbuch für internationale Germanistik XIII/1 (1981), S. 42–72

K. STIEWE: Wahrheit und Rhetorik in Caesars Bellum Gallicum. In: Würzburger Jahrbücher für die Altertumswissenschaft 1976, S. 149ff

Kapitel L

H. CANCIK: Rationalität und Militär. Caesars Krieg gegen Mensch und Natur. In: Lateinische Literatur, heute wirkend, hg. von H.-J. Glücklich. Bd. II, Göttingen 1987, S. 7ff

J. KROMAYER/ G. VEITH: Heerwesen und Kriegsführung der Griechen und Römer. In: Handbuch der Altertumswissenschaft IV 3,2. München 1928 (Nachdruck 1963)

J. KROMAYER/ G. VEITH: Schlachtenatlas zur antiken Kriegsgeschichte V., Röm. Abt. III: Caesars gallischer Krieg. Leipzig 1929

A. LABISCH: Frumentum commeatusque. Die Nahrungsmittelversorgung der Heere Caesars. Meisenheim 1975

O. LENDLE: Antike Kriegsmaschinen. In: Gymnasium 88 (1981), S. 330ff

K. TAUSEND: Caesars germanische Reiter. In: Historia 37 (1988), S. 491ff

H. D. L. VIERECK: Die römische Flotte. Herford 1975

2: zu Bild- und Anschauungsmaterial

Die Kelten. Entwicklung und Geschichte einer europäischen Kultur in Bildern von Erich Lessing mit Texten von Venceslas Kruta, übersetzt aus dem Französischen von Christoph Mache. Herder, Freiburg i. Br. 1979
Die Kelten – Krieger, Künstler, Kultgemeinschaft. Dokumentation von E. G. KRIESCH. Fernsehfilm (45 Min.). Bayerischer Rundfunk 1993
(s. auch die zu Kapitel E genannten Ausstellungskataloge)

Die Germanen (Was ist Was, Bd. 62). Tessloff, Nürnberg 1978
Germanen, Kelten, Römer, Slawen: Geschichte Lernen 29 (1992), Friedrich Verlag, Velber
T. BECHERT: Römisches Germanien zwischen Rhein und Maas (Edition Antike Welt). Hirmer, München 1982
R. v. USLAR: Die Germanen. Stuttgart 1980

Das alte Rom. Kultur und Alltagsleben einer faszinierenden Epoche (Sehen. Staunen. Wissen). Gerstenberg, Hildesheim 1991
Flip-Poster SPQR (31 großformatige Farbbilder zu den Themengruppen Wirtschaft und Gesellschaft, Freizeit, Das Land, Der Krieg, Die Architektur, Die Religion). Dazu: Führer SPQR (erläutert die im Flip-Poster enthaltenen Illustrationen). Klett, Stuttgart 1998
W. MÜLLER: Realienkunde zu Caesar – Caesars Helvetierkrieg (42 Overhead-Transparente, mit Beiheft). Klett, Stuttgart 1982
G. VEIT: Romanisierung und römische Nation. In: Geschichte lernen 12 (1989). Friedrich Verlag, Velber, S. 47–50

J. KROMAYER/ G. VEITH: Heerwesen und Kriegsführung der Griechen und Römer (s. o. zu Kap. L)
M. JUNKELMANN: Die Legionen des Augustus. Der römische Soldat im archäologischen Experiment. v. Zabern, Mainz 1986

3: zu Lexika

H. MERGUET: Lexikon zu den Schriften Caesars. Mit Angaben sämtlicher Stellen. Nachdr. Olms, Hildesheim 1963
B. F. SCHÜMANN: Caesars Wortschatz. Vollständiges Lexikon zu den Schriften Caesars. Buske, Hamburg, 7. Aufl. 1987

Register

(Hier nur wichtige Völkernamen; andere siehe M: Namen von Personen)

Abteilungen d. Heeres L 1
acies L 14
agger L 16 c
agmen
– novissimum L 11
– primum L 11
amici D 1
amicitia D 1
amicitiae causa sequentes L 2c
Apotheose Caesars C 4
aquila L 4
Aquitaner A 2.1
aries L 16 c
arma L 3
Arverner A 2.3 a
Ausbruch L 13 d
Aushebung von Soldaten L 6
Auslieferung
– der Waffen D 5 und L 4
– von Überläufern D 5 u. 6
Auszeichnungen L 24
auxilia L 1
ballistae L 17
barbari I 4.2
Belger A 2.2
bellum iustum D 3
Belohnungen L 23
beneficia F 2
Berge L 7 d
Bewaffnung L 3
Britanni A 4
Brücken L 7 b
Bündnisse D 1
Bürgerrecht
  aufgehoben D 5
Caesar
  als Statthalter B 1.3
calones L 1 f

castella L 16 b
castra L 13
catapultae L 17
centurio L 1 und L 20
civitates E 2
clementia Caesaris C 4
clientes E 2
commentarii I 1
conservare C 1
cuneus L 14
Dankbarkeitsverhältnisse F 2
Dankfest L 25
debellatio I 4.1 und 2
decuriones L 1 d
dediticii D 5
deditio D 5 und D 8
digitus L 9
Disziplin L 21
Druiden E 1
Einschließung L 16 b u. c
Enterhaken L 20
Erstürmung
  ex itinere L 16 a
eruptio L 13 d
evocati L 2 b
Exkurse L 10
expediti L 11
exploratores L 11
fabri L 1 und 17
factiones E 2
Feindbilder I 4
feindliche Bevölkerung L 10
Feldzeichen L 4
fides D 2
Flotte L 20
Flucht
  nach deditio D 5

Flüsse L 7 b
Furten L 7 b
foedera D 1
foederati D 1
forum L 13 b
fossa L 13 b
funditores L 1 c
Fürsten
  der Kelten E 1, E 2 u. F
Futter für die Tiere L 5
galea L 3
Gallia Cisalpina A 1
– citerior A 1
– Narbonensis A 1
– Transalpina A 1
– ulterior A 2
„Gallia pacata" C 1
„Galli mobiles" I 4.1
Gebirge L 7 d
Gefährliche Nachbarn B 3.1, D 3 und I 2
Geiseln D 7
Gepäck L 1 f und L 11
Germanen A 3
Germanische Söldner L 2a
Gesellschaft
  der Kelten E 1
gladius L 3
Glaubwürdigkeit Caesars I 1–4
Haeduer A 2.3 b
Heer
– seine Abteilungen L 1
– auf dem Marsch L 11
Helvetier A 2.3 c + B 3.1
hiberna L 13 a
Hilfeleistungen D 1, 2, 6
Hilfstruppen L 1
Hügel L 7 d
Illyricum A 1

100 | Register

Immunität B 1.3 und D 4
impedimenta L 1 f
impeditus L 11
infirmitas Gallorum I 4.1
iter
   iustum/ magnum/ maximum L 12
iumenta L 1 f
ius belli D 8
ius legatorum D 4
Jahreszeiten L 8
Kapitulation D 5
Klientelstaatlichkeit E 2
Klientelverhältnisse E 2
Kohorte L 1
Kriegsbeute L 22
Kriegserklärung D 3
Kriegsgründe C 1 u. D 3
Kriegslisten L 18
Kriegsmaschinen L 17
Kriegsrecht D 8
Kriegsschauplatz L 7
Kriegsschuld D 3
Kundschafter L 11
Lager L 13
Landtag von 58: B 3.2
Landtage C 3
legatus L 1
Legion L 1
legionarii L 1
lex de imperio C. Caesaris B 1.3
libra L 9
lorica L 3
loricae L 13 c
Machtverteilung in Gallien B 1.1
Manipel L 1
Marschgeschwindigkeit L 12
Maße L 9
milites L 1
– conscribere L 6
– Führung L 1 b
– levis armaturae L 1 c

muliones L 1 f
musculi L 16 c
navis longa L 20
obsessio L 16 b
obsides D 7
obsidio L 16 b
ocreae L 3
officium C 1
oppida E 3 u. L 7 e
oppugnatio L 16 c
orbis L 14
pabulatio L 5
Palisadenzaun L 13 b
Pässe L 7 d
passus L 9
pedites L 1
perfidia D 2 und 8
pes L 9
Phalanx L 14
pilum L 3
plutei L 16 c
politische Kontrolle C 3
porta decumana L 13 b
porta praetoria L 13 b
praeda L 22
praefecti L 1
praemia L 23
praetorium L 13 b
primipilus L 1
Proviant L 1 und 11
provincia (nostra) A 1
quaestor L 16
Quellenfrage I 1
Reiterei L 1
Reitergefecht L 15
Rheinüberquerung L 21
Romanisierung E 3 u. H
rostrum L 20
sagittarii L 1 c
Schifffahrt L 8
Schnelligkeit L 21
schwere Waffen L 17
scorpio L 17
scutum L 3
Sequaner A 2.3 d

sidus Iulium C 4
Signale L 4
Sklaven L 2 d
socii D 1
Sold L 11 und 23
speculatores L 11
Standarten L 4
Sümpfe L 7 c
suggestus L 13 b
supplicatio L 25
Tapferkeit L 21
tela L 3
testudo L 14
Thema – Rhema K 2.2
tormenta L 17, 20
tribunus militum L 1
Triumph L 26
Tross L 1 f
tuba L 4
turma L 1 d
turris L 13, 16 c, 20
Überläufer D 5
Überlegenheit der Römer im Krieg L 21
Unterwerfung D 6
vallum L 13 b
Verfolgung der Feinde L 19
Versorgung L 5
Verteidigung des Lagers L 13 c
vexillum L 4
vigilia L 9
vinea L 16 c
Völkerrecht D 3
Wälder L 7 a
Winterlager L 13 a
Wundärzte L 1
Zahlenangaben bei Caesar I 3
Zelte L 13 a
Zenturie L 1 a

Register | 101

Namenverzeichnis

Agedincum F 2
Alesia G 3
Allóbrogēs GH 4
Alpēs HI 3/4
Ambarri G 3
Ambivárĕti F 3/4
Ambivárīti G 1
Andēs D 3
Aquae Sextiae G 5
Aquitāni DE 4/5
Arar G 3
Arausio G 4
Arduenna Silva GH 2/1
Arverni F 4
Atrébatēs F 1
Atuátuca G 1
Aulerci E 2
Aváricum F 3

Batavi G 0
Belgae E-H 1/2
Bellóvaci EF 2
Bibrácte G 3
Bibrax F 2
Biturīgēs F 3
Boi F 3
Britanni B-E 1

Cadurci EF 4
Cantium E 1
Cárnutēs E 2/3
Caturīgēs H 4
Cavillōnum G 3
Cebenna mōns FG 4
Celtae C-H 2-4
Cénabum E 3
Ceútrŏnēs H 4
Condrūsi G 1

Dānuvius I 2
Dūbis GH 3
Durocortorum G 2

Eburōnēs GH 1

Gábali F 4
Garunna DE 4/5
Génava H 3
Gergovia F 4
Germāni I 1/2
Gorgóbina F 3
Grāioceli GH 4

Haedui FG 3
Helvētii HI 3
Helvii G 4

Itius portus E 1
Iūra mōns H 3

Lacus Lemannus H 3
Latobrīgi I 2
Lemovīcēs EF 4
Lepontii I 3
Liger D-F 3
Língŏnēs G 3
Lūtēcia F 2

Mandubii G 3
Massilia G 5
Matísco G 3
Mátrŏna FG 2
Mediomatrici H 2
Menapii FG 1
Mórĭni EF 1
Mŏsa G 1/2

Nantuates H 4
Narbo F 5
Nemetēs I 2
Nervii FG 1
Nitióbrogēs E 4
Noviodūnum (Suessiones) F 3

Ocelum H 4

Parīsii F 2
Píctŏnes D 3
Prōvincia Narbōnēnsis E-H 4/5

Raúrăci HI 3
Rēmi FG 2
Rhēnus HI 1-3
Rhódanus G 4/5
Rutēni F 4/5

Sántones D 4
Segusiāvi G 4
Sénŏnes F 2
Sēquana EF 2
Sēquani GH 3
Suēbi IJ 1
Sugambri HI 1

Téncthĕri H 1
Tigurīni H 3
Tolōsa E 5
Tréveri GH 2
Tríboci H 2
Tulingi HI 3
Túrŏni E 3

Ubii I 1
Usípetes GH 1

Vellaunodūnum F 2
Véneti C 2/3
Vercellae I 4
Vĕsontio H 3
Vocontii G 4
Volcae Arecomici FG 5
Vosegus mons H 2